移民创业研究

杨玉红 倪宁 胡麒 汤卓凡／著

立信会计 出版社
LIXIN ACCOUNTING PUBLISHING HOUSE

图书在版编目(CIP)数据

移民创业研究 / 杨玉红等著. —上海：立信会计
出版社，2020.11
（序伦财经文库）
ISBN 978 - 7 - 5429 - 6622 - 3

Ⅰ. ①移… Ⅱ. ①杨… Ⅲ. ①移民安置—研究—中国
Ⅳ. ①D632.4

中国版本图书馆 CIP 数据核字(2020)第 219743 号

责任编辑　　许　颖
封面设计　　南房间

移民创业研究
YIMIN CHUANGYE YANJIU

出版发行	立信会计出版社	
地　　址	上海市中山西路 2230 号　　邮政编码　　200235	
电　　话	(021)64411389	传　　真　　(021)64411325
网　　址	www.lixinaph.com	电子邮箱　　lixinaph2019@126.com
网上书店	http://lixin.jd.com	http://lxkjcbs.tmall.com
经　　销	各地新华书店	
印　　刷	江苏凤凰数码印务有限公司	
开　　本	710 毫米×1000 毫米　　　1/16	
印　　张	10.5	
字　　数	148 千字	
版　　次	2020 年 11 月第 1 版	
印　　次	2020 年 11 月第 1 次	
书　　号	ISBN 978 - 7 - 5429 - 6622 - 3/D	
定　　价	48.00 元	

如有印订差错，请与本社联系调换

前　言

　　笔者关注移民创业这个研究课题，大概始于 2010 年旭日阳刚翻唱的《春天里》在网络上走红的那段时间。不知道你是否同意，一个人关注什么话题不是毫无缘由的。笔者关注移民这个问题其实并不偶然，因为我与很多人一样，说到底也是特定城市的移民。移民是一个忽隐忽现的身份，但只要彼此对照一下那些真切的感受和难忘的经历，不难确信自己其实与具有这个身份的所有其他人是如此相似。笔者还记得初来上海那会儿，白天兴高采烈地将金茂大厦踏在脚下，晚上一身疲惫地下榻在颇有"深度"的招待所。与此经历相似的是，很多北漂初到北京也是租住在地下室里，相当于入住北京的"深坑酒店"。

　　当越来越多地了解移民创业的精彩故事，笔者发现自己很难不投入强烈的感情，并且逐渐认识到，移民以及移民现象的大量涌现，能够很好地解释为什么我们周边的世界在如此快速地越变越好。移民是一个伟大的群体，正逐渐受到人们的关注和尊重。于是，我有了强烈的愿望去了解移民创业活动的全景，去理解移民创业现象何以成为可能，这便是笔者编写本书的主要目的。移民是一种非先天的自致身份，各类移民的创业精神也的确值得我们去揭示和传承。无论是创业领域的研究者还是普通的读者,都能从本书中获得激励或某种启发。

本书将带领读者了解移民创业研究领域的现有成果,帮助读者摒弃多数人所秉持的感性的视角,代之以理性的视角。现有的移民创业的研究成果不仅揭示了移民是如何加入创业活动之中的,而且还致力于回答移民创业为什么是现在这个样子的。所以本书先总结现有的移民创业理论,如文化理论、资本理论、嵌入理论、交叉性理论、制度理论等。这些理论可以作为思考框架,帮助读者更好地把握移民创业的演变历程和未来方向。接下来,本书讨论了移民创业者的个体动因,这是传统心理特质论在创业研究中的自然拓展。通过严谨的实验研究得到的结论可能会颠覆读者对移民创业者的一些固有偏见。移民创业者千差万别,他们的创业并非都是迫于生计的所谓生存型创业。移民创业者对特定创业机会以及其蕴含的风险,往往抱有截然不同的观念,这就能更好地理解他们的决策和行为为何不被普通局外人所理解。在此之后,本书将为读者切换到社会网络视角,让读者理解创业结果并非完全由创业者个体所主导。创业活动本质上是社会构建活动,不是完全由个体特质或能力所决定的;甚至,创业动机也被认为不完全是个人意志的体现,有时也是社会结构特征的一种反映。例如,在社会结构意义上,移民的社会网络位置一般具有边缘性特征,这就决定了移民群体平均创业意愿要高于非移民群体。

考虑到一些(准)创业者可能是本书的读者,第五章我们阐述了移民创业的典型障碍,其中有一些是多数创业者都会面临的共同难题,但也有族群劣势这类移民创业者所面临的独特性问题。只有深刻理解和评估这些创业障碍,才能具备必要的先决条件去制定恰当的应对策略。当然,本书的最后一章讨论了创业障碍的应对策略。这些策略是一般化的,或者说是原则性的。这类知识对所有创业者或研究者而言都是值得了解的。移民创业是世界性的普遍现象,而本书将讨论的重点放在我国国内移民创业现象上。本书主要是从海归创业、三峡移民创业、城市移民创业和返乡创业这几个方面去描述国内主要的移民创业形态,分析其中的特点,揭示其中存在的个性或共性的制度障碍或资源困境,以及总结优秀创业者探索出来的具有本土智慧的创业策略或问题解决方法。这部分内容会让读者倍感亲切,也能让读者掌握更多实事信息,并学习到一些符合本国情况、更有价值的创业经验。

本书有自身的特点:首先,不再以抽象的普适性作为选择编排内容的绝对标准,不会涉及过于微观领域(例如,个体心理或生理规律)的知识。本书以特定对象为主体,借鉴社会学的分析范式,切实关注移民这个复杂群体的利益,去解答如何为这个群体提供帮助。其次,理论和实践相结合,不仅要介绍那些有针对性的移民创业理论,更要重视探明移民创业所面临的关键难题,只有将理论引入对问题和难题的分析当中,才真正有希望找到移民创业困境的破解之道。本书为此所作的探索和努力是开拓性的并真正具有实用价值。最后,本书内容全面而简约,包含大量的国内外不同类型移民创业的基本信息,有些内容采用图和表格的形式,加以概括化地呈现,让读者可以便捷地获得其想要了解的信息。本书的理论部分介绍了近三十年国内外最重要的移民创业理论研究成果，适合对创业领域感兴趣的实践者、科研人员以及高校教师和大学生使用。

本书第一章由胡麒主笔，第二章由汤卓凡主笔，第三章、第四章由倪宁主笔，第五章、第六章、第七章由杨玉红主笔。

本书是教育部人文社会科学项目（项目编号：17YJA630121）的阶段性研究成果。本课题的参与者——张佳源、刘沂珊、李雨桐、李宇洋、谌淼之等同学，也在本书成稿过程中提供了无私的帮助，在此一并表示感谢。

杨玉红

2020 年 9 月

目　　录

第一章 绪 论

作为一种社会现象,移民的历史几乎跟人类社会的历史一样悠久。移民创业也随着移民活动而逐渐发展起来。近年来,发达国家中国际移民数量的迅速增加及其对经济增长和区域发展的贡献催生了大量关于移民及移民创业的研究(Dana,1993;Head,Ries,1998;Wong,2003;Wong,Primecz,2011)。移民创业研究是人类学、经济学、管理学、心理学、社会学和公共政策等诸多领域的学者所感兴趣的话题(Dana,2007)。本章我们先介绍移民的概念、类别和移民创业研究的历史及现状,然后界定移民创业的研究领域及边界。

一、移民的概念和类别

关于移民的概念,有广义和狭义两种解释。广义上,移民是人口在不同地区之间的迁移活动的总称。一般来说,不同国家之间的人口迁移和一国城市间的人口迁移都可以统称为移民,而移民的子一代则称为第二代移民。狭义上,即联合国所下的定义,移民是指跨越主权国家边界、移居至某国家/地区(通常居住地以外)居住至少 12 个月的人(Castles,Miller,2009)。

(一)移民概念的缘起

在国家的概念尚不明确、国界划分尚未形成之前,人类便不断迁移,寻找并建立适合自己生活的家园。因而移民初始的含义是指人类不断跨越自然地理、经济文化环境等不同边界的行为。随着近代民族、国家观念的不断完善及主权国家概念的出现,移民这个特殊的社会现象的现代意义也随之出现并被不断完善。

因为移民现象涉及的国家众多,所以如何定义移民需要世界各国制定统一的标准。1922 年举办的第四届国际劳工大会(The Fourth Session of the International Labour Conference)建议:参加国应相互协商,明确界定涉及国际移徙的"迁出"和"迁入"的基本概念。[1] 1953 年,联合国第一次明确提出:国际移民的划分应当以在外国居住的时间为标准,通常情况下居住时间在 1 年以上的迁移者才可以被称为国际移民。同时,针对界定"非原住地居民的永久移民(包括已入籍和未入籍)"的问题,联合国经济和社会事务部统计司还就如何开展"国际移民数据统计"提出了标准化建议。[2]

1976 年,上述规定又被重新作了修正。新标准规定,国际移民"不但包括目的为长期居留、在移民国家生活超过 1 年、仍然生活在这个国家的移民,还包括那些打算在移民的国家停留很长时间,但并没有连续住满 1 年,或居住超过 1 年但目前不住在此国的移民"。1997 年,联合国经济和社会事务部再次修订了相关条例,并于 1998 年正式发布了《国际移徙统计建议》(以下简称《建议》),目的是希望联合国各成员国提交的相关数据具有可比性。该《建议》还进一步将国际移民分为长期移民和短期移民两种,其定义分别为:长期移民是指迁移到其母国以外的其他国家至少 1 年,并且成为目的地国家的新永久居民的人;短期移民是指移徙到其母国以外国家至少 3 个月且不满 1 年的人。但因休闲度假、探亲访友、公务、疗养、宗教活动等出国的,不包括在内。

---

〔1〕 参阅 ESCAP(Economic and Social Commission for Asia and the Pacific):Expert Group Meeting on ESCAP Regional Census Programme, Country Paper on International Migration Statistics-India, 2006:2.

〔2〕 参阅 DESASD(Department of Economic and Social Affairs Statistics Division, UN):Recommendations on Statistics of International Migration, Statistical Papers Series M, No.58, Rev.1, New York:United Nations, 1998.

至此,自古以来的人口迁徙现象被纳入了管理,而在移民概念清晰以后,移民便引起了学术界的广泛关注。国外大部分关于移民的文献,都是以国际移民为研究对象的,学者们把国际移民作为一个跨越国界生存的特殊群体,强调移民是"跨越主权国家边界,以非官方身份在非本人出生国居住达1年以上的特定人群"(李明欢,2009)。在本书中,笔者将讨论更广泛意义上的移民,即无论是否有跨越国界的行为,只要迁移者曾经离开常住地,在迁徙地居住过较长时间(12个月及以上),我们便将这些人定义为移民。

　　中国是世界上的人口超级大国,由于自然环境、历史问题、基础建设、城市化等,曾出现过许多特有的移民现象。如,在"下南洋"浪潮中产生的东南亚移民,曾经旅居国外求学或工作而今又回国发展的海归移民,由于三峡大坝的修建而出现的三峡移民,因城市化进程而发生的城市移民与进城务工,以及为振兴农村经济而发生的大学生返乡现象等,都是值得学者们关注和研究的移民现象。

(二)移民的类别

　　由于全球化以及各国内部各城市间发展不均衡的问题,当今的移民呈现出多种不同类型。我们可以依据移民数量、迁移距离、迁移原因、迁移时间以及合法性等分别对移民进行分类(李明欢,2009)。表1-1给出了按照不同依据划分的移民分类情况。

表1-1　　　　　　　　　　　移民的分类

划分依据	移民类别
按移民数量划分	个别迁移、小众迁移、大规模迁移
按迁移距离划分	城市间迁移、跨洋迁移、洲际迁移
按迁移原因划分	个人意愿迁移、社会发展迁移、环境性迁移
按迁移时间划分	永久性迁移、暂时性迁移
按合法性划分	合法性迁移、非法性迁移
按迁移目的划分	庇护性迁移、工作性迁移、求学性迁移、休闲性迁移

下面，我们以迁移目的为划分依据，介绍庇护性迁移、工作性迁移、求学性迁移、休闲性迁移四类移民的迁移情况。

1. 庇护性迁移

庇护是依靠他人的保护，庇护移民是指通过移民到另一个国家寻求保护。这种迁移比较复杂，可分为被动迁移和主动迁移两种情况（李明欢，2009）。

被动迁移主要有以下两种情形：一是由于原籍地遭受严重自然灾害，迁移者不得不离开居住地而去他处寻求救助；二是由于种族或政治迫害，移民逃离自己的国家，希望求得其他国家的庇护。

主动的庇护性迁移不同于被动迁移的情形，通常是由于利益相关者想通过跨国移民寻求保护或追求自身的特殊利益。以跨国避税为例，经济全球化导致企业跨国经营十分普遍，在日益激烈的国际市场竞争环境下，跨国纳税人会通过寻找各国税收法律的差异、漏洞、特殊情况或缺陷，利用各国的国际税收条约避免或减少纳税总额。为了实现跨国避税，纳税者通常通过实际或名义上的跨境迁移来改变自身的国籍，或者纳税者已经在某国开始经营企业，却通过避免成为该国公民的方式避税。

2. 工作性迁移

工作性迁移是因为工作方面的原因而产生的迁移现象，其数量越来越多，已成为当今国际移民的重要类型之一。迁移者往往是为了追寻更好的工作机会，谋求个人未来职业的可持续发展。工作性迁移可分为创业性迁移、技术迁移、项目制迁移等类型，其分类及含义如表1-2所示。

表1-2　　　　　　　　　　工作性迁移分类

迁移类型	含义
创业性迁移	移民国的营商环境以及税收政策十分优惠，吸引原籍国的人们前往创业并定居
技术迁移	掌握高新技术，符合迁入国的法律法规，为了更好的生活待遇以及合适的发展机会而进行的迁移

（续表）

迁移类型	含义
项目制迁移	因为企业的跨国经营需求,从原籍国派遣相应的工作者前往其他国家进行长期或者短期工作而产生的迁移

3. 求学性迁移

这一类的迁移一般以学生为主体,申请人照规定向目的地国家的相关教学机构递交留学申请,通过审核后,即可获得留学资格并前往目的地国家学习(李明欢,2009)。

还有一种求学性迁移,是与在职培训相关的,通常由企事业单位或政府资助或派遣员工出国接受专业培训。与这类移民相关的法律法规一般规定,外国学员只能在指定的组织工作,且培训时间受到严格限制,培训结束后,必须返回原派遣国。例如,日本近年从发展中国家招募的大量研修生,以及各国高校派遣学者到国外访学的人口迁移,都可以被视为求学性迁移。

4. 休闲性迁移

休闲性迁移可以说是近年来增长较快的一种国际移民类型(李明欢,2009)。本书中,我们将其细分为两种类型:一是因为迁移地更适合置业生活而产生的移民行为;二是退休人员为追求更高生活质量而产生的移民行为。在某些消费水平比较高的国家,中产阶层退休后,不愿忍受当地较高的物价水平,所以选择迁移到消费水平低且生活质量较高的国家或地区,希望在有限的支付能力内获得更高的生活质量。例如,近年来在中国境内出现了一些前来养老的日本人。与中国相比,日本地狭人稠,生活成本高,居住环境、交通状况等方面都更为拥挤,因此一部分日本老人选择用他们在日本的养老金和积蓄,来中国享受更有质量的退休生活;同样,中国香港地区的部分居民在退休后到深圳或者其他内地城市定居,也是为了享受更高质量的生活,以规避原居住地过高的房价和其他日常消费压力。

二、移民与移民创业的历史

早在国家形成之前,移民现象就一直存在。一部分移民出于生存或其他方面的考虑,选择了自雇或创办企业,由此便渐渐形成了移民创业的历史。本节先介绍移民的历史,再以美国为例,介绍移民创业的历史。

(一)移民的历史

从古至今,人口迁移现象一直存在。但本书认为,真正接近现代移民意义的大规模移民潮是自 15 世纪欧洲的航海家开辟新航线、发现新大陆开始的。在此之前,人口迁移仅限于国家内部或者邻国迁移,但此后,移民潮逐渐变为洲际迁移和跨洋迁移。在最初的移民潮中,那些拥有先进船只和大炮的欧洲殖民者逐渐迁移到其他区域,成了"新世界"的主人。随着种植园经济的不断崛起和新殖民地领土、矿山的不断扩大,殖民者在亚非大陆掠夺资源,贩卖奴隶,迫使数以千万计的人离开他们的家园并漂洋过海,成为这一页血腥的国际移民历史的书写者。几百年来,殖民移民影响着世界的历史,也影响着世界民族人口的分布和结构。

二战后,各殖民地的民族独立运动不断兴起,人类的历史发展翻开了新的一页,国际移民的结构和趋势也随之改变。在经济、政治、文化等多重因素的影响下,国际移民现象比历史上任何时期都更多样化。

根据 2020 年国际移民目的国的统计数据,在排名前十位的国家中(如图 1-1 所示),有 5 个欧洲国家、2 个北美洲国家,所以本书认为,欧洲和北美洲等发达地区已成为国际移民的重要目的地。我们将选取其中比较有代表性的移民国家来宏观把握移民创业的历史以及现状。

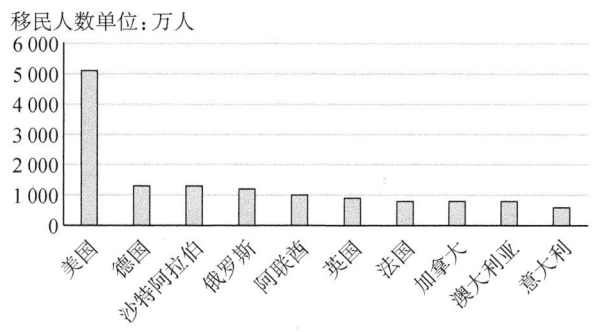

图 1-1 2020 年十大国际移民目的国

资料来源:国际移民组织.2020 年《世界移民报告》[EB/OL].https://www.iom.int/video/
world-migration-report-2020.

(二)移民创业的历史

移民创业伴随着移民的历史而逐渐形成和发展。结合图 1-1 所反映的情况,下面我们以美国为例,介绍移民创业的发展历史。

1. 美国移民创业历史

从现代意义上的移民来看,最早出现于美国的移民创业主要集中在两种民族经济类型上:少数民族中间商创业和少数民族飞地创业。少数民族中间商企业家在当地生产者、零售商和少数民族群体消费者之间充当中介。他们的业务通常集中于低端的零售和服务业,服务于贫困、犯罪率高和社会秩序混乱的城市区域,以满足那些服务不足及缺乏投资的社区的直接消费者的需求(Bonacich,1973)。而少数民族飞地企业家主要在自己的民族飞地经营企业。虽然有些业务与中间商经营的类似,但飞地企业家的经济活动更广泛、更多样化,不仅包括零售和服务业,还包括生产;不仅服务于同种族成员,也服务于生活在飞地内外不同社会阶层的非族裔成员。更重要的是,他们与所在社区的社会结构相联系,以民族团结和族裔间的信任为边界(Portes,Zhou,1993)。

在主流经济迅速全球化的今天,新移民和少数民族企业在历史舞台上的表现远远超出了移民企业家自身的预期和想象,知识密集型产业就是最好的例子。以美国为例,加利福尼亚州的硅谷、波士顿的128号公路技术走廊以及北卡罗来纳州的"三角地带"——技术、电信和制药的研发,都是众所周知的(Saxonya,1994;Porter,2001)。与此类似,在美国的医疗保健行业也涌现出较大规模的移民创业。近年来,由于医疗支出的不断增加、《联邦负担得起的医疗法案》的通过以及与美国人口老龄化相关的人口结构的变化,使得美国的医疗保健行业已经成为超过制造业和零售业的最大雇主(Thompson,2018)。此外,由于医疗保健需求的及时性和便利性等特点,大多数人会选择接受本地服务,所以医疗保健服务的自动化和离岸外包都很难实现。于是,个性化医疗服务和与此相关的创业便迎来了巨大的机会。Nazareno(2019)发现,加利福尼亚州的菲律宾移民女护士和相关健康专业人员已经成为家庭保健机构、住宅护理/辅助生活设施、成人日托中心和家庭护理机构的所有者和经营者,她们的主要目标客户是那些服务需求没有得到满足的弱势群体。

近年来,移民创业或民族企业已逐渐融入当地经济。许多人设法突破种族界限,并向少数民族聚居地以外的城市和郊区的中产阶级社区蔓延(Engelen,2001)。例如,西安名品(Xi'an Famous Foods)是一家传奇的中式快餐外卖店,在纽约十分受欢迎,这家快餐外卖店从美国唐人街起步,逐渐发展成遍及美国其他地区的中国移民飞地。熊猫快递(Panda Express)从总部位于洛杉矶的家族企业逐渐发展成为一家价值达20亿美元的连锁型企业,其餐厅遍及全球,员工人数超过25万人。

2. 移民创业的新情况

自20世纪90年代末开始,移民创业现象出现了明显的巨大变化,移民创业变成了一个更加多层面、复杂、多样化和全球性的现象。首先,历史上较少创业的民族群体变得更具创业精神,移民主要输出国的人们创业热情更高涨。过去的研究表明,以创业而闻名的民族群体包括犹太人、古巴人、中国人、日本人、韩国人和中东人(Bozorgmehr,1997;Light,1972;Light,Gold,2000;Loewen,1971;Min,1990;

Portes，Bach，1985；Waldinger，1986；Zhou，1992）。很少有人认为菲律宾人喜欢创业。但现在这些人们印象当中并不热衷于创业的群体也纷纷加入了创业的行列。例如，Nazareno（2019）展示了菲律宾人如何按照他们的特有模式在医疗行业创办企业。

此外，随着世界形势的复杂化，特别是局部地区的动荡等原因，产生了许多的新难民，这些新难民群体的创业努力是显著的。尽管他们的企业主要聚集在低收入移民社区，而不是在城市或郊区跨阶层分布，但是他们的创业成果十分显著。例如，萨尔瓦多在20世纪80年代因内战将大批萨尔瓦多难民赶出该国，这些难民随后抵达华盛顿特区寻求庇护。随着他们重新被安置，萨尔瓦多人在华盛顿大都会区建立了小企业，以应对大量集中的同种族人的市场需求，并提供各种服务和产品，包括服装、零售、国际快递和公证人服务（Verdaguer，2009）。

三、移民创业的研究领域及边界

对于移民创业的研究，国内外学者已经取得了非常丰硕的成果，本节我们仅简要介绍移民创业研究所涉及的各种理论和焦点问题，以明确界定本书所关注的对象。在后续的章节中，我们会逐一进行详细阐述。

（一）移民创业相关理论

移民创业研究涉及多种理论，其中被广泛理解和接受的移民创业理论主要有以下几种：文化理论、资本理论、嵌入理论、交叉性理论、制度理论和移民理论。以下我们逐一进行简要介绍。

1. 文化理论

文化理论是解释移民创业时使用率较高的理论之一。文化，是一种变成了习惯的生活方式和价值观，是一群人的集体意识。Hoselitz（1964）最早提出可以用文化理论解释移民创业，这些文化特征包括道德、社会价值、工作经历、宗教信仰等方面。

文化理论认为,移民利用本民族的传统文化及周边的社会网络资源进行创业,而自我创业本身也是特殊文化的产物。文化理论强调了团结、勤俭节约、坚韧不拔、冒险等品质。来自母国的优秀品质对移民创业的成功有巨大影响,这些在移民者身上的特质成为创业者的精神来源与行为标杆,引导他们去创业并取得成功。

1) 移民飞地理论

移民飞地一般是指同族裔移民聚居于非母国的地方。正是由于移民飞地源源不断地为创业者提供劳动力、市场资源和机会,创业者才能有效地运营企业。而且,由于移民飞地居民间不存在语言障碍,移民飞地内所提供的劳动力比其他来源的劳动力更具有效性。此外,移民飞地企业发展壮大,还能带动其他相关企业的发展,进而带动移民飞地乃至周边地区的经济发展。

2) 少数中间人理论

Hubert Blalock(1967)最早提出了少数中间人的概念,少数中间人指的是从事贸易、借贷行业,处于生产者与消费者之间的少数人。由此观之,少数中间人具有三个特征:其一,他们属于少数民族群体,他们属于社会的中间层,而不是最底层;其二,他们往往从事贸易等职业;其三,他们往往是消费者和生产者之间的代理人(Hubert Blalock,1967)。

少数中间人理论,强调的是介于多数人与少数人之间的少数民族群体。他们是多数人与少数人连接的纽带,由此,少数中间人就能实现自我就业与创业。从经济学角度来看,由于移民遭受了他国的法律法规限制甚至歧视,这逼迫他们需要团结和资源共享,走创业之路。

2. 资本理论

根据资本理论(Bourdieu,1986;Dollinger,1995),人力资本和社会资本是个人资本和具有影响力的商业创造的关键所在。Ndofor 和 Priem(2011)认为,在移民企业家的创业过程中,人力资本和社会资本拥有量会影响他们的创业策略,两者之间的配比会影响创业绩效。必须拥有足量的人力资本和社会资本,才能有效地帮助移民创业者创业。

人力资本理论强调通过教育和培训创造个人价值(Becker,1994),认为对人力资本进行大量投资的企业家会取得更好的企业绩效(Marvel,Davis,Sproul,2016)。社会资本是指企业家能够依靠的社会网络和关系资源。

3. 嵌入理论

嵌入理论通过将企业家能力和机会置于社会的经济、空间和监管环境中来解释创业(Joneset et al.,2014;Kloosterman,2010;Ram et al.,2013;Stoyanov,2018)。从社会包容性的角度来看,拥有一个或多个成员的家庭和家庭金融资本都可以提高移民创业的可能性(Bird,Wennberg,2016)。

以往的文献一般从社会包容性、家庭嵌入、少数族裔嵌入、种族和地区嵌入等方面进行嵌入理论的研究。有关嵌入式理论的研究课题还包括对族裔和移民身份元素之间的相互作用,以及广泛的经济和政治背景如何塑造企业家活动,等。有关少数民族和移民环境嵌入的交叉研究已经成为移民创业理论中最前沿的研究课题。

4. 交叉性理论

交叉性理论在移民创业研究中,主要被用于讨论性别、种族等身份交叉时所形成的优势与劣势(Gill,Larson,2014;Wang,Warn,2017),或者被用于探索性别、种族和企业家身份之间的联系(Barrett,Vershinina,2017;Hopp,Martin,2017)。Essers 和 Benschop(2007)使用交叉性理论探索了少数民族女性企业家身份构建的复杂过程。

交叉性理论的一个主要观点是,对于移民创业者来说,性别、种族等因素交叉时会产生乘法效应,而不是加法效应(Dubrow,2008;Murzacheva,Sahasranamam,Levie,2019)。女性移民企业家在创业方面通常会面临更多的不利因素(Pio,Essers,2014;Cheng,2015);女性在自营职业中的收入比男性低(Hopp,Martin,2017)。

5. 制度理论

移民创业研究中所使用的制度理论主要来源于 North(1990)的新制度经济学(NIE)。North 认为,制度在构建人与人之间的互动时至关重要。体制包括正式制度和非正式制度。正式制度是指控制社会经济行为的规章制度,而非正式制度是指处理习俗、规范和社会惯例的规章制度。

近年来,用制度理论解释移民创业的研究十分多样,例如,有学者认为移民国的制度特征在社会关系中起着至关重要的作用,影响着新企业的业绩和关系(Brzozowski et al.,2014)。Awaworyi Churchill(2017)研究了种族异质性和制度环境在跨国企业中的成功作用。

6. 移民理论

在研究移民创业时,一般会使用一些特定于移民的模型,如跨国主义观点、经济社会学观点和历史观点。Portes 等(2002)观察到跨国创业是移民的经济适应机制。在探索跨国社会资本时,Katila 和 Wahlbeck(2012)观察到,移民企业家的社会资本积累因种族群体的迁移模式而异。从社会学角度看,Lin 和 Yang(2017)发现,低技能移民比高技能移民对移民网络的贸易促进效应更大。移民历史悠久的族裔群体,相较于新近移民的族裔群体,就业率更高(Clark,Drinkwater,Robinson,2017)。Koning 和 Verver(2013)使用移民历史和民族主义的框架研究了第二代和第三代族裔企业家,以了解种族的含义。

(二)移民创业动因

关于移民创业动因的研究,可以大体分为两类:一类是聚焦于创业者的研究,被称为个体层面动因;一类是关于创业者所属环境方面的研究,被称为社会层面动因。接下来我们将从这两个方面进行阐述。

1. 个体层面动因

以往研究表明,影响移民个体选择创业的原因有:个人特征、经济能力和人力资本。其中,个人特征包含年龄、性别、种族、婚姻状况、宗教信仰等因素;经济能力包含原始财富、个人融资能力以及个人对风险的偏好程度;人力资本则包括教育经历、工作阅历、语言能力、学习能力等。

在个人特征方面,性别和年龄因素对于创业者来说非常重要。年龄在 25～35 岁的人群最倾向于创业;女性比男性的创业可能性低(Malach-Pines A,Schwartz,2008)。

人力资本在移民的创业决定中起着非常重要的作用。人力资本理论表明,最优秀的人才能成为个体经营者。研究显示,对于技能高超、经验丰富的创业者,创业成功的可能性较大,这一切都与教育有着密不可分的关系。

2. 社会层面动因

移民创业的社会层面动因,主要源于移民创业者的社会关系网络。而社会关系网络又可以分为两类,其一是家人与亲戚这一类的强关系,其二是朋友与熟人这一类的弱关系。

家人与亲戚是创业者最亲密的人,他们往往同创业的成功与否有紧密联系。Borjas(1986)从心理学角度指出已婚移民比单身移民工作更为积极,他们会更加倾向于用创业来实现家庭收入。在创业初期,由于创业工作的艰辛,创业者往往特别需要来自家庭的支持,包括资金、情感等。此外,Lindquist 等人(2015)的研究也显示,父母的创业经历会极大地影响子女的创业倾向,而且这一结论在移民创业群体中表现得更加显著(Lindquist M J,Sol J,Van Praag M,2015)。

朋友与熟人对移民创业者来说是弱关系者,构成了创业者广义的社会关系网络。他们可以为创业者提供人脉、信息等资源,还可以为创业者的创业出谋划策。

图 1-2 给出了移民创业动因所涉及的各类影响因素,我们将在后续章节中,对各类因素进行详细讨论。

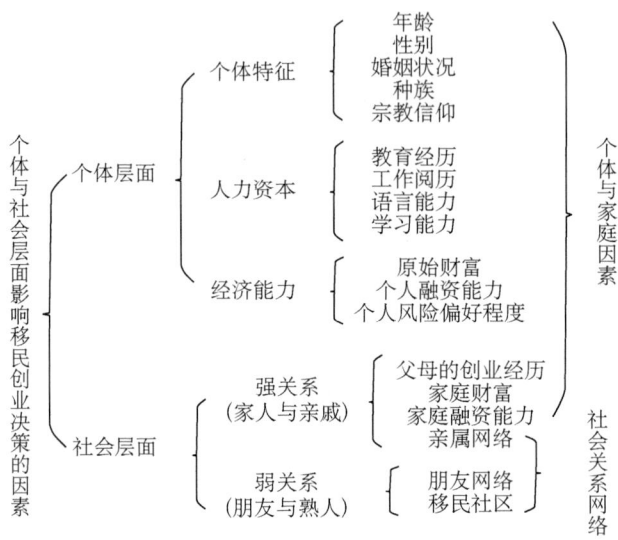

图 1-2　移民创业决策影响因素

(三) 移民创业的障碍

移民在创业过程中,也会遇到各种各样的障碍。有些障碍来自移民创业者自身的局限,有些障碍则来自政策或市场环境。对移民创业者来说,语言能力、商业知识、文化水平、资金方面等的欠缺,对企业的初创和运营起着决定性的作用,是移民创业者面临的最主要的障碍。

1. 移民创业者自身障碍

首先,移民创业者自身的局限常常来源于语言障碍、工作阅历不足、文化程度不高等。由于语言不通,他们很难与当地人毫无障碍地沟通,这也是移民寻找带薪职位时遭受阻碍的一个重要原因。移民对移民国的环境不熟悉,缺乏在当地经商的商业知识、能力和经验,并且由于法律法规等的制约,移民创业者不能完全套用母国的创业模式,他们只能进入一些简单的行业,例如零售、餐饮等。

其次,移民创业者自身的局限还来源于文化差异。通常母国和移民国之间存在文化差异,因此,移民创业企业的主要客户大多来源于母国移民者。要想扩大市场规模,移民创业者就必须开发符合移民国传统习惯的产品或配套服务,这无形中给移民创业增加了难度。

最后,移民创业者自身的局限还可能源于创业启动资金的不足。在一个陌生的环境中开办企业,移民创业者创业前期的资金主要来源于家庭或亲朋好友。这是因为,这些创业者在移民国没有足够的信用记录和担保,无法获得来自银行、投资机构方面的资金支持。这使得他们前期的创业启动资金、中期的运营资金都十分短缺。

2. 移民国的政策障碍

来自移民国的移民政策也是移民创业重要的障碍。绝大多数创业者都是选择零售、餐饮等低门槛的行业创业。尽管这些行业中的企业也会带动经济发展,为移民国贡献稳定税赋,但是这些企业非常大众化,不需要高精尖技术,一般来说不属于政府扶持企业。而且这些低门槛行业的市场竞争也非常激烈,还有可能会受到来自当地居民的歧视与排挤。

此外,受签证的影响,移民创业者很难招聘到母国的劳动力,包括高新技术人才。而且,由于移民创业者的经商理念、管理方式、所处行业前景在移民国不受重视,很难吸引并留住移民国本土的劳动力或技术人员。员工的数量和技术水平限制,会阻碍移民创业企业的发展。

3. 市场竞争障碍

移民创业企业所面临的市场竞争障碍,首先是来自移民国当地大型企业的压力。移民创业企业门槛低、目标市场狭小、企业发展较为缓慢,还不得不面对移民国本地大企业的排挤或吞并以及对客户资源的抢夺。移民国本土的大型企业在资金、客户、供应商、谈判能力等方面都占据着绝对优势,会给周边中小企业,尤其是移民创业企业带来巨大的生存压力。移民国本土的大型企业市场份额较大,有着良好的信誉和完整的生产链,甚至影响当地的经济发展。所以这些大型企业不但更容易得到政府政策扶持,还会在一定程度上影响当地的政策。他们能够雇佣来自本国或他国的大量劳动力和高新技术人才,维持企业的有效运营,甚至还能在当地具有某种垄断势力。相较于上述大型企业,移民创业企业的资金不充裕,劳动力不充足,很难实现规模化扩张。他们规模小、信誉度低,很难获得来自银行、投资机构的资金支持。又因为人脉不广阔,市场信息不完整,难以找到原材料供货方,很难形成相对完整的生产链。所以,移民企业每时每刻都能感受到来自移民国本土大型企业的竞争压力,随时可能被排挤或吞并。根据华人外卖公会的粗略估计,在过去 10 年间,有 5%~10% 的中餐馆和外卖店因经营困难不得不歇业或加盟某些大型外国快餐连锁企业(沈确,2016)。

除了来自移民国本土大型企业的竞争,移民创业企业还要面对来自其他移民企业的竞争。移民者来自同一个国家,有着同样的文化传统和习俗,这就决定了他们在异国他乡开办的企业相互之间也会存在竞争。特别是前文我们提到的,移民创业者大多选择进入一些餐饮、零售等门槛较低的大众化行业,所以这些行业的竞争特别激烈。

(四)我国移民创业分类

在本书中,我们拓展了移民的概念内涵,我们认为凡是曾经离开常住地,在一个非常住地生活 12 个月及以上的人,都可以被称为移民。依据这样的界定,可以将我国境内的移民创业划分为四类:海归创业、三峡移民创业、城市移民创业和返乡创业。

1. 海归创业

海归创业的产生具有很久远的历史基础,它是基于不同阶段我国的"留学潮"而产生的。中国学生赴海外留学的历史悠久,第一批留学生的产生距今已经有 140 多年的历史,且近年来,留学生归国人数也在显著上升。据教育部的官方统计,2008 年,我国的留学生归国人数为 6.93 万人,占留学人员总数的 30.5%,而 2018 年这一数字上升至

85％。大批的留学归国人员,组成了海归创业的生力军。

"海归潮"可以看作是"移民潮"之后的又一种人力资源流动方式。在中国,海归创业已成为中国改革开放和全球化发展的特有现象(Wang H,2011)。

与一般创业相比,海归创业者普遍接受过良好的教育,并且海外学习经历让他们的眼界更广阔,他们在技术知识、商业知识以及国际创业导向等方面都颇具优势,因此海归的创业理念、技术引用、产业领域都具有独特性。据统计,57％的海归依托高新技术创业,其中44％的人拥有自主的知识产权(Wang H,2011)。

2. 三峡移民创业

三峡移民工程从 1985 年开始试点工作,直至 2008 年,共完成搬迁安置移民 131.49 万人,举世瞩目(刘守华,2015)。三峡移民是一类特殊移民,搬迁对三峡移民的心理和生活都造成了一定的冲击,有鉴于此,我国政府给外迁三峡移民 20 年政策扶持,鼓励他们就业、创业,三峡移民创业也因此得以更快发展。

三峡移民创业经历了四个阶段,即萌芽期、初创期、成长期和转型期。在萌芽期,他们利用移民飞地效应共同发展。在初创期,他们利用国家扶持政策的优势,在移民飞地的基础上不断拓展社会关系网络,初步进行创业尝试。在成长期,三峡移民创业企业已经渐渐平稳运行,此时他们转变了观念,不断学习新的技能和知识,融入当地生活环境。在转型期,他们渐渐拥有了移民二代,由于社会的进步,移民二代的观念也不断进步,社会网络关系不断扩大,他们不再满足于上一代的创业模式,从而进一步开拓进取。

总体来说,三峡移民创业作为一种特殊的移民创业,他们具有非自愿性和不可逆转性。同时,由于国家政策、自身努力的双重因素,三峡移民积极投入到创业中来,由此催生出三峡移民创业这种特殊的移民创业现象。

3. 城市移民创业

我国幅员辽阔,城乡经济发展差距较大,不同城市之间的发展水平也有较大差异。因此,就出现了城市移民现象。城市移民创业既包括城市化进程中大量涌入城市的农村—城市移民创业,也包括城市居民到异地进行的创业。比如出于某些商业目的,城市居民选择离开常住地,到其他地区开设加盟店、销售网点或开办工厂等。

自雇创业活动是城市外来劳动力就业的一种重要方式。近年来,通过创业谋生的城市移民数量呈现上升趋势。城市移民创业既是解决城市外来人口安置问题的有效方法,也是推进城市经济发展的有力举措,逐渐引起政策制定者和大批学术研究者的关注。

个人效用的提高是移民创业的重要原因之一。高效用的自雇,使得城市新移民自雇创业的可能性不断增加。除此之外,失业率、收入差异等对城市移民创业也有很大的影响。比如失业率越高,自雇创业的倾向越大;收入差异越大,于城市移民者而言其创业倾向也越大。此外,家庭因素、社会资本因素、社会网络因素也是影响城市移民创业的重要因素。

4. 返乡创业

随着国家乡村振兴战略的推进,越来越多的创业者从城市回到农村,参与农村的经济建设活动,掀起了返乡创业的热潮。返乡创业的主体有两类,一类是在城市拥有工作和生活经历的务工人员,另一类是接受过高等教育的大学生。

1) 进城务工人员返乡创业

自 2008 年起,我国出台了一系列关于鼓励进城务工人员返乡创业的政策措施,返乡创业的人数激增。这些政策既能促进当地的经济增长,又能够改善就业环境,因而非常受地方政府和百姓的欢迎,于是便形成了一个良性循环。

根据人力资源和社会保障部的统计,2017 年返乡创业的务工人员人数超过了 700 万,其中 10.9% 的人选择了自主创业。最近两年,返乡创业的务工人员数量还在迅速地增长。[1]

2）大学生返乡创业

"大众创业，万众创新"的号召，以及大学创业教育的深入，使得越来越多的大学毕业生选择自主创业，他们中的一部分人会选择回到农村地区开办企业。大学生返乡创业也是一种移民创业。关于它的定义，主要有两种。从广义上来说，大学生移民创业指的是接受过高等或高职院校教育的人，在毕业之后 5 年内创建企业的创业行为。从狭义上来说，大学生返乡创业是大学生回到农村开办企业与合作社。在本书中，我们将留在城市里的大学生创业放在城市移民创业里讨论，将回到农村开办企业的大学生创业放在返乡创业中讨论。

四、本章回顾

本章我们首先对移民的概念和类别进行了界定，然后介绍了移民和移民创业的历史，最后对移民创业理论和本研究关注的几个焦点问题作了简要描述。在接下来的章节中，我们将对上述理论和焦点问题逐一进行阐述。

---

[1]《中国超过 700 万农民工返乡创业，政府出台新政策攻破融资难》[EB/OL]. http://news.cri.cn/20180119/7f2c58f0-a787-444a-3f42-67ce289db1b9.html.

第二章　移民创业理论综述

在移民创业研究中,因切入角度的不同,学者们借用了不同的理论模型。本章我们将对移民创业文献进行梳理,介绍目前广泛使用的移民创业理论,并进行比较分析。

在进行了充分的文献整理和回顾之后,我们可以确定 6 个主要理论,包括文化理论、资本理论、嵌入理论、交叉性理论、制度理论和移民理论。下面我们逐一进行介绍。

一、文化理论

早期关于移民创业的文献聚焦在两种主要的创业类型上——少数民族中间商创业和少数民族飞地创业。而这两种类型的移民创业,是深受移民的民族精神影响的,由此便引出了文化理论。文化理论强调根植于移民群体特定文化的特征。

文化是一种生活习惯,是人们在日常生活中遵循的精神价值,是群体在生活积淀中形成的集体意识。在移民创业领域,文化理论是最早被用来解释移民创业活动的理论之一。根据霍夫斯泰德(Hofstede, 2001)的观点,文化指的是集体心理程序,它使一个群体或群体成员变得个性化,并区别于其他群体。North(1990)将文化概念化为非正式制度,他认为文化设定了非正式的规则或规范,从而激励或限制了人们的行为。Morris 和 Schindehutte(2005)研究了夏威夷 6 种亚文化的移民企业家,并指出民族文化对移民创业的成功产生了影响。

Hoselitz(1864)提出,可以用价值观、宗教信仰、家庭、工作能力和道德等来解释移民创业。移民创业的成功就是一种特殊的文化产物。文化理论认为,移民在创业过程中,深受家庭和社会网络的影响。创业者身上来自母国的优秀品质,例如勤劳刻苦、勤俭节约、自信等,都属于文化的组成部分,这些优秀品质不断激励着创业者,促使他们进步和提升。因此,文化是移民创业成功的因素。

通常来说,移民在抵达移民国之后才会渐渐开始了解移民国的文化。研究发现,不管是哪国的人,他们到达了另一个国家之后,通常会对本民族的文化产生比以前更加强烈的认知。文化理论特别适用于解释亚裔移民创业现象,他们非常重视家庭,所以往往能在创业中获得来自家族的资金支持、信息分享、指导意见等。再者,当移民来到一个新的国度,因为同族、同源的关系,他们往往会先与本民族的其他移民交往、聚集。由于语言与生活习惯的相似程度较大,他们对本民族文化的认同感就愈来愈强。这其实也是另一种意义上的母国民族文化复制。

移民文化理论其实就是运用一种非正式的规则制度来阐述移民创业的理论。文化因素在移民创业中起着不可替代的作用,它帮助移民在创业中克服文化差异,利用本民族的优秀传统文化去攻克难关。但文化理论只强调了精神层面的因素,而没有考虑来自环境、市场等其他方面的影响,因此,也不能过分强调文化理论。文化理论还因为过分强调民族团结性、忽视阶层内部分歧、影响适用性而受到批评。

二、资本理论

根据资本理论,人力资本和社会资本是移民创业的关键资源(Bourdieu,1986;Dollinger,1995)。研究表明,大多数的移民创业都会动用大量社会资本,以获取金融资本、商业信息、廉价且值得信赖的劳动力(Min,Bozorgmehr,2000;Rodriguez,2004;Sanders,Nee,

1996)。除了人力资本和社会资本,也有研究关注金融资本和跨境风险资本的,但学者们普遍认为它们可以被看成社会资本的内容之一。因此,本节我们重点讨论人力资本和社会资本。

（一）人力资本理论

人力资本理论关注通过教育和培训创造的个人价值(Becker, 1994),并认为对人力资本进行大量投资的企业家会获得更丰厚的业绩回报(Marvel, Davis, Sproul, 2016)。人力资本理论被用于移民创业研究,探讨移民企业家的学历、技能、国际经验、工作和创业经验对创业决策和企业绩效的影响。

人口老龄化以及劳动力不足的国家对于人力资源的需求是巨大的。这就推动了国际移民的快速发展,但是随之而来的就是移民者的就业问题。人力资本理论常被用作分析移民在其母国和移民国获得的特征(Fernandez, Kim, 1998；Kanas, Tubergen, van der Lippe, 2009；Vinogradov, Kolvereid, 2007)。大部分移民的母国是发展中国家,母国的教育和工作经验往往被移民国雇主认为是质量较差的,难以得到移民国劳动力市场的认可。因此母国的人力资本限制了移民就业的机会,移民者不得不通过创业,以谋求在移民国的生存发展。

在移民创业过程中,Ndofor 和 Priem(2011)认为,人力资本存量会影响他们的创业策略(侧重于民族飞地与主导市场),同时创业绩效会受人力资本和社会资本的契合度影响,因此在移民创业研究中,人力资本理论是一个十分重要的研究领域。

另一种观点认为,移民和少数民族的跨文化能力以及其他障碍通常与难以获得当地融资机会有关。Achidi 和 Priem(2011)强调了少数民族飞地作为一种策略以及移民的资本禀赋,在他们的理论框架中,使用了社会资本和人力资本理论。例如,美国雇主不确定从外国获得的人力资本与美国生产力之间的关系。与在美国出生的工人相比,劳动力市场的歧视和有限的英语水平使移民面临就业障碍。这也是移民在招聘方面面临的最大障碍,他们只能被迫进行一系列的创业活动。

(二)社会资本理论

社会资本理论强调个体通过其社会关系获得资源的重要性(Flap,1999),也可认为这是指企业家能够依靠的社会网络和关系资源(Bhagavatula,Elfring,van Tilburg,van de Bunt,2010;Nahapiet,Ghoshal,1998)。人们通常认为,移民的社会关系网络越发达,就会得到越多的帮助,这些提供帮助的人的资源越好,移民就拥有越多的社会资本,他们的经济地位也就越好。例如,在一项针对澳大利亚小型企业中的移民妇女所做的研究中,Collins 和 Low(2010)把重点放在了教育和社会资本等资源上,探讨了家庭、种族关系和文化背景等因素在她们创业过程中所具有的影响。这也是社会资本影响移民创业的典型案例。

在移民创业研究中,社会资本指的是移民与原住民的关系,因为这些关系是移民与不同身份和社会地位的人之间的桥梁(Putnam,2007)。Bizri(2017)发现,信任和网络结构对于移民企业家能够在其所在国最大程度地利用机会至关重要。但就移民企业家的融资而言,风险投资者与创业者之间的族裔关系会影响以移民为主导的企业的财务决策(Bengtsson,Hsu,2015;Zhang,Wong,Ho,2016)。例如,金融资本或廉价和值得信赖的劳动力,往往来自共同族裔的社会资本,这些帮助移民企业家成功的至关重要的因素,不太可能通过与原住民的关系调动起来。

在探索跨国社会资本时,Katila 和 Wahlbeck(2012)观察到,移民企业家的社会资本积累因族裔群体的迁移模式而异。从社会学角度看,Lin 和 Yang(2017)发现,低技能移民比高技能移民对移民网络的贸易促进效应更大。Storti(2014)将新的经济社会学、政治经济学和新制度主义相结合,分析移民创业产生和发展的机制。同时,关于社会资本变量,移民创业家在单身人士中的比例略高于同族裔伙伴中结婚或同居的移民(Clark,Drinkwater,Robinson,2017)。

尽管社会资本为移民创业家带来了一系列的优势,但这也提升了一系列的金融风险。在多元族群的背景下,Light 和 Dana(2013)指出了社会资本的局限性。

(三)资本理论述评

很早之前,人力资本理论和社会资本理论已经被用来研究阿姆斯特丹和弗吉尼亚州费尔法克斯的移民企业家之间的相似性。一般的研究过程是在审查了关于原籍国和目的地国特有人力资本影响的相互矛盾的论点的基础上,对移民在其本族裔群体内与其与当地人保持的关系之间的联系进行评估,从而研究人力资本和社会资本在移民创业中的作用以及两者之间的关系。此外,通过同时研究人力资本和社会资本,我们能够看出人力资本或社会资本的影响是否被高估或低估,以及在何种程度上被高估或低估。

三、嵌入理论

嵌入理论指的是社会关系对经济活动的影响,嵌入方法使研究者能够通过将企业家能力和机会置于社会经济、空间和监管环境中来解释创业(Joneset et al.,2014;Kloosterman,2010;Ram et al.,2013;Stoyanov,2018)。其根本逻辑内涵是社会关系基于信任、协作、互利等因素对经济活动中的风险和成本进行控制,并在一定程度上减少不利因素对经济活动的消极影响。在创业领域,创业活动的不确定性往往也通过此类的因素进行控制。

一般来说,经济是嵌入在社会中的,经济行动者有目的地将自身行为嵌入到具体的持续的社会关系系统之中,任何的创业行为都是受到经济驱动的,移民创业也不例外。嵌入性概念的研究(Kloosterman,

2010；Kloosterman，Rath，2001)表明,除了个人和社会因素(网络)外,市场机会在设计发展战略中起着至关重要的作用,并且特定类型的商业活动似乎在亚洲移民中占主导地位,他们倾向于经营餐馆、洗衣店或小商店(Leung，2002)。例如,农民移民创业活动嵌入在农村地区的社会文化环境之中。与城市不同,农村社区成员生活环境简朴,居住距离近,邻里之间的互动更加频繁,又因为成长环境的相似性,导致农民移民的心智模式和信息渠道也具有相似性,因此社会资本的内聚型特征更加凸显,资源也更加容易获取且信息也容易收集,市场机会也比以往任何时候更多(蒋剑勇,2014)。

混合嵌入理论是对嵌入理论更加深刻的理论解释。学者们一般从社会包容性、家庭嵌入、少数族裔嵌入、种族和地区嵌入等方面进行嵌入理论的研究。例如,Sepulveda，Syrett 和 Lyon(2011)在对伦敦移民创业背景的研究中使用混合嵌入理论,表明族裔和移民身份元素之间的相互作用以及更广泛的经济和政治背景如何塑造企业家活动,进一步推动了移民创业研究的发展。

嵌入理论的提出在一定程度上突破了传统经济活动的"理性人"思考,并将社会关系引入到经济活动的分析中,随着嵌入的深化,非正式契约会增加。但是这种基于"非贸易的相互依存"关系非常脆弱,极易破裂。而且过度强调嵌入理论,意味着过度强调人际关系对经济活动的影响,导致较高的交易成本以及交易的不确定性。若社会关系之间出现了欺骗等现象,则会由于信息不对称而对创业决策产生负面效果,影响着创业成功的概率。并且,移民创业网络嵌入过于死板或一成不变,当面临多变的世界形势时,运营风险将会不断增加,移民创业者也将面临巨大的创业风险。

四、交叉性理论

交叉性理论源于美国 20 世纪的黑人女权主义革命。黑人与女权交集在一起使黑人女性的社会地位具有特殊性,与男性黑人和白人(包括白种男性和白种女性)相比,她们会遭遇更多的社会歧视。有关交叉性理论的文献讨论了性别、种族和本种族的社会地位的交叉身份所产生的优势和劣势(Gill,Larson,2014;Wang,Warn,2017)。研究者通常利用交叉性理论研究女性企业家或具有劣势因素的地区的移民创业(Carter et al.,2015;Murzacheva et al.,2019)。

研究表明,少数民族妇女与企业家的交叉身份在创业方面具有很大劣势(Pio,Essers,2014;Cheng,2015)。以往的研究发现,男性的创业意愿比女性高,在对少数民族的研究中发现,女性的创业意愿也低于男性。Pio,Essers 和 Cheng(2014)的研究指出,具有交叉性身份的女性企业家在创业时,会受到宗教、种族和不同文化差异的影响,并且她们很难跨越这些鸿沟,这些成为她们在创业中最大的劣势。还有研究说到,在澳大利亚的亚洲女性移民企业家,无一例外地会依靠她们的社会网络关系(家人、亲戚、朋友等)、人力资源(学历、学习能力等)去创业,且少数民族女性在创业过程中会面临诸如语言、民族和宗教等个人特征的影响(Collins,Low,2010),她们常常会感受到被歧视、待遇不公等。

虽然面临诸多劣势,少数民族女性创业却也有着深远的意义。Pio(2014)指出,在瑞典的穆斯林聚居地区,女性创业者能更好地协调自身身份和工作的关系,做到公私分明,也因此得到了更多的尊重和敬仰。Pio(2007)在对新西兰印度裔女性创业的研究中发现,她们既要协调过去和现在的种种不同,又要调适母国和移民国之间的文化差异。所以移民创业对于女性来说是不容易的,因为一旦进行移民创业就意味着她们在家庭和社会中的地位要有所转变。该研究还指出新西兰、印度裔女性创业的一些特征,并提出了四阶段模型:劳动力市场的低渗透性、不充分就业、创办企业规模小、雇佣本民族员工。这也是她们在日常生活中受到歧视的原因。

对少数民族女性创业者的交叉性研究,不仅丰富了一般的少数民族创业研究,也对女性权益的研究做出了贡献。

总体来说,交叉性理论研究了在移民创业背景下种族和移民者社会地位的交叉维度。其中,交叉性理论有一个关键性因素,即身份地位的交叉产生的并不是单纯的加法效应,而是更为复杂的乘法效应;通过对具有交叉性身份的移民创业者的研究,可以帮助我们更好地分析双重身份的移民创业者在创业过程中的优势和劣势。

五、制度理论

关于制度的定义,主要有 North 和 Scott 的两种界定,且分别是从经济学视角和社会学视角给出的。从经济学角度(North,1990)来看,我们可以将制度称为社会游戏的规则,是为了有序地组织社会交际活动而设立的有效规则。一般来说,我们将制度分为正式制度和非正式制度:制度的参与者必须要遵守的规则被称为正式制度;非正式制度是那些并没有被明确规定的,而是在日常行为中由参与者自觉遵守形成的,并渐渐演变成社会规范的那些制度。

从社会学角度来看,制度是由多方面社会因素构成的恒久社会规范,并不是禁止、约束人们行为的行动指南。Scott(2005)站在社会学的角度将制度进一步分为管制、规范和认知三大类。管制制度是指一些用于约束人们的行为活动的法律法规等监管条例,它与正式制度相对应。规范制度是指参与者所持有的由个人价值观、信念等构成的限制人际交往的制度,它与非正式制度相对应。认知制度是指人们用来解释特定现象的广泛共享的社会知识和认知类型。

值得注意的是,移民国的制度在移民企业家的相互关系中起着至关重要的作用,它影响着企业的业绩和社会关系(Brzozowski et al.,2014)。Baron,Tang 和 Zhang(2018)认为,由于种族原因,处于劣势的企业家更有可能利用贪污、腐败获利。移民的身份地位也有其背景层面发生的优势和劣势。一方面,移民身份对母国的制度支持起到了有益的作用(Brzozowski et al.,2014)。但移民的地位也可能在移民国的制度环境中处于劣势,这导致他们有时会采取行动(例如贿赂)来弥补(Baron et al.,2018)。

多样性、缺失性和不确定性是制度环境的三大特征。多样性是指一定范围内国家或者地方之间制度环境的差异程度,这是造成移民创业者在移民国处于劣势的原因之一。缺失性是指支持移民企业运作的法律法规制度的缺失程度,由于缺失性的存在,往往使移民创业者在选择移民国时处于劣势。不确定性是指移民企业家不确定未来的制度变化会怎样影响企业的发展。在不确定性研究上,不同的人对此产生了不同的看法。有人认为,移民创业者会选择确定性较高的地方进行创业;而有的人则认为不确定性较高的地区会更加吸引移民者创业,因为他们只关心企业进入时的利益。

所以,移民国的制度以及母国的制度会极大地影响移民创业者的选择,并在企业的业绩和社会关系中有着重要的作用。

六、移民理论

研究移民创业理论的主要路径,一般分为文化性路径和结构性路径,在此基础上,我们可以将移民理论细分为推拉理论、经济移民理论以及世界体系论,分别从经济、政治、文化三大方面阐释移民的产生,这对于移民创业发展的研究是十分有益的。因此,这节我们将重点分析上述三个理论。

(一)推拉理论

在人口学中,真正意义上的推拉理论是由 Bagne 提出的,他认为改善生活条件是移民现象产生的根本目的。迁入地的各种有利因素形成强有力的拉力,不断吸引人口迁入;而迁出地的不利的条件形成推力,迫使人们迁出(位秀平,2014)。由此我们可以认为,移民产生的主要动因是迁入地的拉力和迁出地的推力,同时,我们认为拉力因素一般指的是迁入地存在的积极因素;反之,指的是迁出地存在的消极因素。

在当今人口迁移以及移民创业研究领域,这一理论常被中国学者使用。例如,在中国国内最常见的移民创业类型是农民的返乡创业,学者们常常通过推拉理论,从人口流动以及农村的劳动力转移方面对其进行分析。一般来说,推拉理论认为迁移的因素普遍有四个(Lee,1960):与迁入地有关的因素、与迁出地有关的因素、介于这二者之间的因素(中间因素)、个人相关因素。

一般来说,在推拉理论的基础上,可以结合马斯洛的需要层次理论对移民行为进行分析,从表面上分析移民产生的原因。但此理论也存在很大的缺陷,只能进行定性的比较研究,只能对移民以及移民创业的一般性现象进行解释,不能进行深层次的分析。

(二)经济移民理论

在研究移民创业时,学者们会使用多种特定于移民的模型,例如经济社会学观点。Portes 等(2002)认为跨国创业是移民适应移民国经济机制的一种体现。在探索跨国社会资本时,Katila 和 Wahlbeck(2012)观察到,移民企业家的社会资本积累因种族群体的迁移模式而异。总体而言,经济移民理论一般认为是经济因素驱动了移民的产生,例如收入、贫富差异等。经济移民理论又可以细分为新古典主义经济理论和新经济移民理论,下面我们对这两个理论分别进行阐述。

1. 新古典主义经济理论

新古典主义经济理论的重点是用经济学的观点阐释移民产生的原因。根据"多德罗模型"定量分析,一些学者认为移民产生的原因在于原籍国与移民国之间的工资差距(位秀平,2014)。移民者会考虑移民行为的成本与回报,当到达移民国后带来的收入大于移民付出的成本时,移民行为才会产生。通常情况下,移民创业行为尽管存在高风险,但是带来的预期收入往往大于在原籍国寻找工作带来的收入,所以我们可以认为收入对于移民创业的吸引是存在的。但需要说明的是,收入是影响移民的原因之一,并不是唯一的决定因素,而新古典主义经济理论往往将经济因素对移民的影响有所夸张,而忽视了非经济因素对于移民以及移民创业的影响。所以,我们在参考该理论时,应对其持保留意见。

2. 新经济移民理论

由于"多德罗模型"研究的片面与局限,这引起部分学者的批评以及对其做修正补充,这就促进了新经济移民理论的产生。新经济移民理论的主要代表人物,Oded Stark(1991)认为,同一收入差距,因为生活在不同地区、社会地位不同,对每个人的内在意义是不相同的。所以新经济移民理论认为引发移民的动因不是绝对收入差距,而是与参照群体比较后产生的落差感。所以,该理论认为收入并不是决定移民的唯一因素,资金获得的难易程度和途径以及减少经济与社会之间的冲突同样是导致移民行为产生的重要因素。与新古典主义经济理论相类似,新经济移民理论同样具有局限性,它关注了移民国的经济因素,却并没有考虑原籍国的经济因素。

根据上述两种理论,我们可以认为,经济因素对于移民的影响是深远和巨大的,但是从经济方面考虑移民产生的意愿,以及分析这对于移民创业的影响时,我们需要全面的思考,避免采用片面的观点得出片面的结论。

(三)世界体系论

"现代世界体系"学说(Wallestan,1974)认为,16世纪以来的世界体系由核心国家、半边缘国家、边缘国家三大部分构成。随着世界多极化趋势的出现,经济全球化的时代背景越发影响着世界人口的流动以及商品的流通。当国家的发展需求不断增加,人才、知识、资本、技术等各方面的要素都是十分重要的战略资源。我们可以通过世界移民的大趋势观察到,一般的移民行为都是遵循着从边缘国家到半边缘国家再到核心国家的路径进行的。在这个理论下,经济全球化可以说是移民潮产生的根本原因。

同时,移民创业行为在核心国家和发达国家,以及营商环境十分开放的发展中国家/地区更受到移民者的欢迎,这是值得关注的一个重要的课题。

总的来说,诸多细分的小理论构成了现在的移民理论,各具一定的可取性,也各有局限性。而综上所述,并结合众多学者的研究,我们可以认为移民理论在研究移民创业领域有着举足轻重的位置。

七、移民创业理论比较分析

为了更好地理解和把握上述 6 种移民创业理论,我们将其各自所具有的优点及局限性做了梳理(见表 2-1)。

表 2-1　　　　　　　　**各种移民创业理论的优点及局限性**

理论	优点	局限性
文化理论	1. 从心理学的角度考虑移民创业问题,具有前瞻性 2. 考虑了各种激励理论及其作用 3. 重点关注文化取向对于移民创业活动的影响,并对不同地域的文化特征进行分析	1. 没有考虑创业的其他因素,比如就业选择、移民政策、市场条件和创业资金等 2. 过分强调民族团结性和集体资源,忽视阶层(阶级)内部分歧
资本理论	1. 相关研究文献丰富 2. 适用范围广 3. 动态化,强调社会关系	1. 只关注了资本的外部因素,忽略了个体因素 2. 人力资本与社会资本需要配比调和,不能仅有其中一个
嵌入理论	1. 适用少数族裔创业行为 2. 关注更广泛的经济和政治背景 3. 突出了土著企业家的变化、地理环境的变化	1. 适用范围较小 2. 数据处理和收集过于烦琐 3. 参考文献与理论支撑少

（续表）

理论	优点	局限性
交叉性理论	1. 关注了性别、种族和种族的社会地位的交集所产生的特权和劣势 2. 具有乘法效应	1. 集中在各因素的交点,忽视其他因素的影响和作用 2. 只适用于对具有交叉性身份的创业者进行研究,不适用于研究单一身份的创业者
制度理论	1. 从法律、政策角度考虑移民创业行为,强调动态性分析 2. 考虑了政治等宏观环境,具有多样性	1. 过分强调制度、法规、政策在移民创业中的作用,忽视了影响创业者的个人内部因素 2. 只片面考虑了制度对创业者的影响,而忽视了资本、文化等对移民创业的影响
移民理论	1. 从社会学的角度考察移民创业问题,完整考虑了经济、政治、文化三个宏观层面 2. 利用多种模型进行分析研究 3. 理论细分多样且实用	1. 某些分支理论过于片面 2. 采用静态分析研究移民创业活动

（一）优点分析

由表 2-1 可见,移民创业研究的六大主要理论都有其各自的优点及局限性。以往的研究主要是从经济、政治、文化三大方面探寻移民创业的影响因素的。

资本理论分别从人力资本和社会资本的角度展开研究,研究范围广,相关文献丰富,具有动态性的特点,在移民创业研究中非常多见。资本是嵌入在社会行为中的,嵌入理论与资本理论紧密相连,在移民创业研究中也备受关注。在一定程度上,移民理论和嵌入理论相结合,可以更好地解释社会资本以及人力资本在移民创业行为中起到的重要作用。

随着人类平等意识的不断提高,女性移民创业问题也是学者们关注的重要问题。交叉性理论关注了性别、种族和种族的社会地位的交集所产生的特权和劣势,具有乘法效应。从少数民族群体创业者的角度出发,从性别、种族和种族社会地位这3个复杂问题的交集出发,可以更好地解释少数群体移民创业的动因以及优势所在,是具有重要的参考价值的。

(二) 现有研究的不足

在对移民创业文献进行梳理的过程中,我们发现有些研究是建立在二手数据的基础上的,因此可能存在数据失真的嫌疑。例如,Baycan Levent 和 Nijkamp(2009)在对丹麦、德国、希腊、意大利、荷兰、葡萄牙、瑞典和英国的移民现象的关键因素进行分类的研究中,整个描述都是依赖于以前的研究和二手资料,其数据的真实性就不一定可靠。

已有研究在移民创业理论的运用上也存在不同程度的局限性。例如,部分文章关注的是某个时期特定国家层面的相关政策,对移民创业行为的分析缺少动态性。在资本理论中,人力资本理论被用作分析移民在其母国和移民国获得的特征的理论框架(Fernandez, Kim, 1998; Kanas, Tubergen, van der Lippe, 2009; Vinogradov, Kolvereid, 2007)。在这一理论分支中,社会认知理论被确定为研究西方移民国移民的理论,这个理论特别关注社会环境对追求创业机会的影响(Dai, Wang, Zhang, 2011),但是这些文章中对于宏观大环境或世界形势的分析往往不详细,这将会对研究结果产生极大的影响。

在嵌入理论中,尽管混合嵌入理论使有关少数民族和移民的环境嵌入成为最前沿的讨论,但是这些研究一般聚焦于土著企业家创业的变化,对一般意义上的移民创业的研究提供的帮助较小。

而交叉性理论、文化理论、制度理论、移民理论的局限性还存在共性,即往往是片面地强调某种因素在移民创业中的作用,而忽视其他因素对于移民创业的重要作用。同时,过于静态的研究分析,也往往忽视了整个世界是不断变化发展的,相关政策也是不断变化的,因而导致研究的时效性不强。

（三）移民创业理论整合框架

通过对文化理论、资本理论、嵌入理论、交叉性理论、制度理论、移民理论这 6 种主要移民创业理论及相关文献的梳理，我们发现，现有移民创业研究主要关注 4 个问题，分别是外部环境影响因素研究、移民创业前因研究、移民创业决定因素研究和移民创业绩效研究。而针对不同问题的研究也涉及了移民创业中的不同影响因素，这就需借用不同的移民创业理论，为此我们给出移民创业理论研究的整合框架（如图 2-1 所示）。

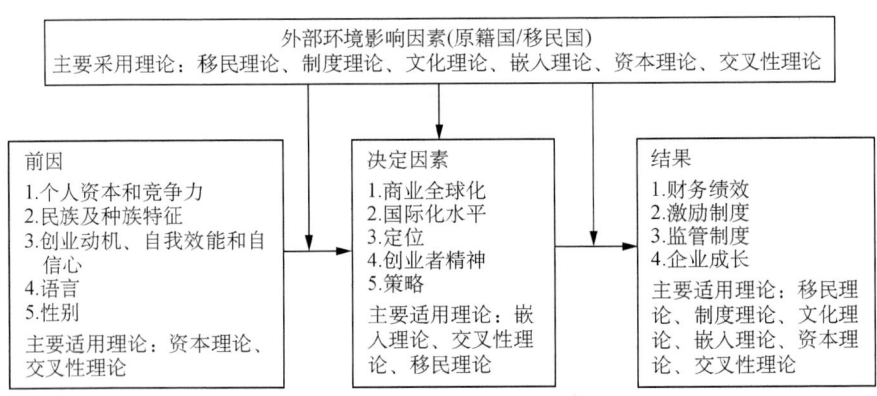

图 2-1　移民创业理论整合框架

八、本章回顾

本章我们梳理了以往研究中涉及的 6 种移民创业理论，并在文献综述的基础上比较了各种理论的优劣势，最后给出了移民创业理论研究的整合框架。在后续的章节中，我们会对其中比较重要的问题逐一进行阐述。

第三章　移民创业的个体性动因分析

本章我们探讨移民创业的前因之一——个体性动因,重点讨论移民创业者的创业动机和意图、移民创业者的个体特征、移民创业者的能力特征及其身份的自我构建过程。

一、创业动机和意图

根据 Ajzen(1991)开发的计划行为模型,我们了解到一个人的意图是其行为的直接前因:意图越强,实施行动的可能性就越大。因此,为了更好地进行移民创业的个体性动因分析,我们需要先了解移民者的创业动机和意图,它有助于解释是什么塑造了创业行为,他们的出发点和目的包括哪些方面。

(一)创业动机

关于创业动机的研究非常丰富。Kuratko(1997)和 Robichaud 等(2001)研究了北美企业家,并揭示了四类创业动机:外部奖励、独立/自主、内在奖励和家庭安全。Segal 等(2005)回顾了有关创业动机的研究,将创业动机分为两大类:一类是外部制约因素,例如对工作场所不满、找工作困难、工资低、缺乏工作时间的灵活性等;另一类是内部动机,例如对独立性的渴望、寻找自我/自尊、寻求更多的发展机会等。Benzing 等(2005)的研究发现"成为我自己的老板"和"增加我的收入"是最高的动机因素。Xu 和 Ruef(2004)的研究则强调,个人建立企业的动机本质上是非金钱的。

Ryan 和 Deci(1999)基于引起行动的原因或目标,将外部动机与内部动机区分开:内部动机指的是行动者愿意做某件事情,因为它本质上是有趣的或令人愉快的;而外部动机则强调行动者为了追求一些有形的结果而选择去做某事。

内部动机大体涉及以下三种情况:一是创业者将自谋职业的愿望与为他人工作的愿望进行比较;二是创业者评估自己是否具备成为企业家所需的知识、技能和能力;三是创业者确定他们是否愿意接受创业活动将要面临的风险。具有企业家自我效能感的人更有可能会被自雇的理想机会和收益所吸引,这与 Gilad 和 Levine(1986)提出的"推"和"拉"理论中的"拉"理论相符,即创业者为寻求独立、自我实现、更高的财富和其他理想成果而自愿投入到创业活动中。

外部动机可以用"推"理论来解释,"推"理论认为人们会因不利的形势因素(如对现有就业的不满、失业和职业受挫)而被迫进入企业家的行列,这些负面事件往往会激发潜在的企业家才能,并将个人推向创业活动。

大多数的研究表明,个人成为企业家的主要成因是"拉"因素,而不是"推"因素。创业研究还试图预测创业者所面临的环境因素,例如失业、先前的工作经验、各种资源的可获得性和政府的影响等。

(二)创业意图

Krueger(1993)研究了 Shapero(1975)基于意图的新风险投资模型。该模型假设,创业意图是人们感知的可取性、可行性和个人的意愿的结果,使得人们倾向于根据机会而采取行动。创业意图被定义为人们对开展新业务的承诺。Krueger 发现,感知的可行性、感知的渴望和行动的倾向解释了超过 50%的创业意图差异,其中,感知的可行性解释了最大的差异(Krueger et al.,2000)。

可行性是个人觉得自己有能力开展创业的程度。如果人们确定创业的可行性很大,就不必对不确定性有很高的容忍度(McMullen,Shepherd,2006)。根据 Sagie 和 Elizur(1999)的说法,计算风险的能力是企业家成功的重要因素。Lumpkin 和 Dess(1996)将冒险视为增强创业导向的三个要素之一。Wagner(2003)发现创业的可能性与风险规避能力呈负相关。Gelderen 等人(2005)关于创业者的研究还表明,感知市场风险的能力是一个重要的变量,可以用来解释成功创业的人与放弃创业的人之间的区别。其实,移民本身不是一个特征,而是一种情况,它会影响机会的评估。换句话说,成功机会和冒险倾向的判断是移民创业者的重要考量因素。

通过比较工资收入、自雇收入和创业决策,可以更好地理解移民创业。根据人力资本理论,我们认为移民的自雇行为可以分为以下三种情况:

(1)母国自雇假说。许多移民来自个体经营相对发达的国家。母国的创业经验是凝结在移民者身上的人力资本的一种形式,使移民更加倾向于在他国进行创业。这种影响可能是通过相对收入(移民在自营职业中的收益更高)或通过较低的创业启动成本(移民在创业方面可能更有效率,或者对他国工资市场的依赖程度较低)起作用的。

(2)避税假说。较高的边际税率对具有更大的减税和避税动机的自雇者更具吸引力(Blau,1987;Long,1982)。就美国国内而言,高税率州的移民自雇率更高(Gyourko,Tracy,1991)。

(3)飞地假说。移民飞地(移民聚集地)是指存在少数民族聚居、有独特文化特性的经济活动区域(Hummon,Abrahamson,1996),一般是由某地区内来自另一国的移民及其后代聚居形成的。相对于周围大多数本土居民来说,移民飞地居民是少数民族群体,这些群体会有与自身民族特色相连的生活需求,因此就会有人为满足他们的需求而提供服务。渐渐的,移民群体越来越多,这一过程不断加强,于是便产生了移民创业。Borjas(1986)发现,在西班牙裔移民集中度较高的城市中,西班牙裔移民更有可能选择创业。

二、移民创业者的个体特征

接下来我们分别从年龄、性别、受教育程度、冒险倾向等几个方面，讨论移民创业者的个体特征对移民创业决策的影响。

（一）年龄

创业活跃度在不同年龄段的群体之间有着显著的差异。随着年龄的增长，人的社会阅历和思维方式也会发生变化，所以年龄是影响创业者决策的重要因素。但是否选择创业与年龄也不是确定的线性关系。比如，Evans 和 Leighton（2008）的研究表明，企业家年龄越接近40 岁，则越有可能创业，而过了这个年龄之后，创业的可能性随之降低。Giannetti 和 Simonov（2011）的研究也发现，创业者随着年龄的增长更有可能成为企业家，但是在达到某个年龄之后，这种可能性便逐渐降低。此外，年龄与个体对风险的恐惧程度也有关系。在 40 岁以前，随着年龄的增加，风险惧怕程度也会增加；但到了 40 岁以后，风险惧怕程度反而会降低，表现出越来越高的风险容忍度。

（二）性别

从世界各国的情况来看，女性创业者人数比男性少，这在很大程度上是由于女性创业意愿明显低于男性。女性较低的创业意愿似乎与女性较低的乐观和自信水平以及较高的失败恐惧高度相关。但这并不是绝对的，也不代表女性不愿意创业，而可能是因为男性和女性对不同的就业模式有不同的反应。女性从自己创业中获得的效用低于男性，或者因为女性更愿规避风险。例如，有研究表明，单身女性在财务决策方面可能比男性更不愿承担风险（Jianakoplos，Bernasek，1998；Schubert et al.，1999）。

在控制了风险偏好之后，我们应该有各种理由相信女性实际上比男性更偏爱创业。首先,劳动力市场对女性的歧视可能会降低女性对寻求有薪就业的动机(Bertrand, Hallock, 2001; Goldin, Rouse, 2000),因此女性应该比男性更喜欢创业。因为为自己工作可以消除劳动力市场中潜在的歧视。其次,相关研究表明,独立和了解自己这两个因素对女性创业意愿的影响比对男性更大,女性比男性更重视时间的灵活性(Edwards, Field Hendrey, 2002; Lombard, 2001)。

（三）受教育程度

传统上,教育被认为是对未来的投资。大量证据表明,教育投资可以提高未来收入,强化个人成功(Angrist, Krueger, 1999)。那么,这一结论是否适用于创业者呢? 创业者通常被认为是非常有创造力的人,他们可能在没有受过太多正规教育的情况下就学会了商业技能。关于教育和创业成功之间的各种联系有许多研究(Chandler, Hanks, 1994; Evans, Leighton, 1990; Holtz Eakin et al., 2000; Mosakowski, 1993)。

另有一些证据表明,与有薪工作相比,自营职业往往不是一个有吸引力的选择,特别是对受过高等教育的人来说。首先,受过高等教育的人作为雇员的收入要高于自由职业者的收入(Lucas, 1978; Parkkinen, 2000; Uusitalo, 2001; Wilkinson, 1981; You, 1995)。这也适用于仅受过基础教育的人,但由于受过基础教育的雇员的平均工资水平较低,收入差距相对较小。其次,个体经营者的收入不如雇员的收入稳定,因为与大型企业或公共部门相比,小企业经营的内在风险更高(Storey, 1994)。

在经济衰退和复苏时期,教育对企业成功的影响是不同的。无论市场情况如何,受过高等教育的个体经营的公司比那些受教育程度较低的个体经营的公司有更高的增长率。而成功的创业者往往都有过受高等教育的经历。

（四）冒险倾向

考虑到较高的经营风险，自营职业的收入实际上应该比有薪工作的收入更高，所以自营职业比有薪工作更具吸引力。同时，自营职业可能带来的资本收益会增加自营职业的总收入。

研究表明，风险厌恶程度高的个体倾向于选择有薪就业，而风险偏好程度高的个体更有可能成为企业家。这方面的研究成果非常丰富。Kihlstrom 和 Laffont（1979）开发了一个在均衡状态下风险厌恶程度较低的企业家的模型。实际上，自从 Knight（1971）强调承担风险的意愿是决定企业家数量多少的一个基本因素以来，学者们便将创业描述为在为他人工作（低风险）和自营职业（高风险）之间做出选择的结果。根据这一观点，Cressy（2000）提出，正如 Evans 和 Jovanovic（1989）提出并得到大多数实证研究证实的那样，财富对创业的积极影响可能会减少风险厌恶。Kan 和 Tsai（2006）通过实证研究检验了 Cressy 的论点，并发现 Evans 和 Jovanovic 的关于风险规避的观点是站得住脚的。Newman（2007）提出了一个委托代理模型，通过内生创业风险、允许最优保险合同以及局部的自我选择，来挑战基于风险厌恶的企业家创业决策模型。

通过对上述文献进行的整合，我们发现创业者往往具有高风险倾向的特征。人们对开创新业务的风险的态度影响着创业行为的产生，认为自己有能力开展新业务的人是减少对失败的恐惧的最重要因素。

三、移民创业者的能力特征

要想获得创业成功，并不是一件容易的事情，对于移民企业家尤其如此。什么样的能力特征能够帮助移民创业者实现商业上的成功呢？下面我们分别从移民创业者的经济能力和人力资本的角度进行分析。

（一）移民创业者的经济能力

在经济能力方面,移民通常被认为是一个自我选择的群体,比如较低的个人风险规避水平以及与原籍国相比在移民国有更多的赚钱机会等。Borjas(1987)将移民定义为一群愿意承担风险,以最大化其一生收入并改善其生活机会的理性个体,这也是他们在移民国劳动力市场取得成功的内在动力。经济移民被描述为倾向于利用与生俱来的能力和动力来促进经济发展。与非移民同胞相比,他们更具野心、进取心和企业家精神(Chiswick, 1999)。

在早期的一项研究中,Evans 和 Leighton(1989)指出,一般情况下,移民从事自营职业的可能性与劳动力市场的经验无关。较为贫穷的劳动者,即失业工人、低收入工人和频繁更换工作的个人,更有可能从事自营职业,从而证实了"不适应环境的人"被推向创业的想法。

Evans 和 Leighton(1989)的研究发现,如果个人拥有更大的资产则更有可能转向自我就业,这一结论与企业家面临流动性约束的观点是一致的。原则上,财富与成为企业家的倾向之间呈正相关,富裕的个人可以成为更好的企业家。Evans 和 Jovanovic(1989)用一个结构模型来处理内生性问题,该模型预测了企业家收入水平与初始资产之间的关系,以及企业家投资于自己企业的资产比例。他们发现,拥有更多初始资产的企业家能获得更高的创业收入,这表明他们可以用更有效的资本水平经营企业。Holtz Eakin 等人(1994)还进一步探讨了遗产的继承是否会加大创业活动的概率,研究结果也给出了肯定的答案。此外,流动性限制的放松也增加了个人在创业活动中的可能性。同样,Lindh 和 Ohlsson(1996)的研究证实,瑞典的个人遗产继承人或中了彩票的人更有可能成为自由职业者。

但是,关于流动性约束对创业选择是否重要,人们还是缺乏统一的观点。Hurst 和 Lusardi(2004)考虑了流动性约束对创业活动的影响。他们的研究发现,财富与成为企业家的可能性之间的关系非常微弱,只适用于财富分配最高的 10% 的家庭。而这极不可能成为限制流动性的证据,因为创业的初始资本通常要求非常低。

为什么关于初始财富与创业决策之间的关系的检验结果如此不同?是否是因为环境因素的影响?在金融体系不如美国那么发达的国家,能否获得启动资金对于创业者来说也是一个不可忽视的问题。

所以,我们认为个人特征对于创业决策的影响更大,并且与创业者所在的城市特征有关。此外,当地文化和创业活动水平也影响着移民是否选择成为企业家。在企业文化具有影响力的地方,尽管创业利润较低,但仍有很多的人会选择成为企业家。但原始财富积累或个人经济能力对移民创业的影响尚无定论。

（二）移民创业者的人力资本

众所周知,人力资本在移民创业的决策中起着相当重要的作用。人力资本理论表明,最优秀的人才能成为个体经营者;技能娴熟、经验丰富的人成功创业的可能性较大。

一般而言,人力资本通常以受教育和工作的年限来衡量,与预期的因素有关,这些因素可以提高各种活动的生产率（Becker, 1993）。基于对大量实证研究的分析,Shane（2004）提出,在个人层面上,受过良好教育的人更有可能利用创业机会,因为教育提供的信息和技能将增加他们在利用机会方面的预期回报。教育还通过为人们提供分析能力和对创业过程的理解来改善创业判断力。此外,创业者的高等教育水平也有望提高企业的业绩（Beaujot et al., 1994）。

Bohnert 等（1994）在研究中证明,学历较低的移民在移民国接受一定的教育后,能够获得更大的自雇机会,他们在学习期间获得的有关移民国的相关知识将会给他们带来更多优势。同时,他们也更善于利用相关的种族资源。而在母国获得学士以上学历、并且在移民国没有接受过任何教育的移民,也拥有较高的自雇比率。这又是为什么呢?因为这些人的学位在移民国不被承认,所以无法找到与其教育水平相对应的工作。因此，他们不得不被迫从事自雇职业，以求得预期回报。

从总体上看，人力资本在经济增长研究中经常被用作自变量。用平均入学率（Barber，2002）或大学入学人口百分比（Habib et al.，2000）来衡量，人力资本与国民经济绩效正相关。Johannisson（1993）研究了瑞典初创企业的区域差异，发现受过大学教育的人口比例是最有解释力的变量。因此，在比较移民群体时，平均教育水平很重要。同时可以预见，那些拥有大量人力资本的国家、地区、种族和其他群体具有建立和管理生产型创业企业的卓越能力。

除了教育，移民之前的工作经历也是人力资本包含的重要内容。这里的经历有两种：以前的工作经历和以前的企业所有权经历。移民企业家以前的创业或管理经验是其业务赖以生存的关键因素（Shepherd，Douglas，Shanney，2000；Taylor，1999；Vinogradov，Isaksen，2008）。实际上，一些移民企业家预测到移民后将面临开办新企业的挑战，因此他们在移民之前会在本国学习和强化相关的管理技能。这些挑战涉及与关键利益相关者建立关系、分配人力资源、适应市场需求以及促进组织内部的沟通（Vinogradov，Isaksen，2008）。特别是移民企业家在母国经营的企业成功时，他们更倾向于复制以前成功的商业案例。即便他们以前在母国的企业是失败的，这种创业学习依然非常有效。在这种情况下，移民企业家倾向于避免采用导致先前失败的决策。Boden 和 Nucci（2000）还发现，创业者的工作经验多少与企业生存呈正相关。

四、移民创业者的身份构建过程

身份构建是创业过程中一个积极的、不可或缺的部分，它对企业家在创业过程中的行为方式和决策方式有着重要的影响。这主要是创业者通过创业实践和创业学习，不断给自己定位、进行身份构建的过程。即，我是做什么的、我的目的是什么、我想成为什么样的人、我希望别人对我有什么样的看法等。

身份在研究文献中是一个有争议的概念。然而，根据 Down 和 Warren(2008)在社会学和社会心理学领域的研究，越来越多的人一致认为，身份不是个人的一个稳定的特征，而是通过个人资源和人们认知的持续互动构成的。尽管如此，许多关于创业背景下的身份认同的研究仍可用现代主义的自我心理学观点来解释，这种观点强调身份认同是决定行为相对稳定的核心要素。Sarasvathy(2008)提出企业家效应理论，该理论越来越多地被用作企业家研究的概念基础(Goel, Karri, 2006；Read et al., 2009)。

身份构建是创业过程中一个积极的、不可分割的和具有影响力的部分。在创业初期，创业身份会影响企业家如何感知机会、寻找资源、开发新的社会关系。但创业身份不是一成不变的，创业者在创业实现过程中会不断地产生身份认同。例如，著名企业家鲁冠球，16 岁时的理想是当工人。24 岁时他带领 6 名农民，创办宁围公社农机厂，开始生产农用机械。34 岁时，他看到《人民日报》的一篇社论《国民经济要发展　交通运输是关键》，于是他意识到未来中国将大力发展汽车行业，他便调转事业方向，开始了汽车零部件的制造。后来，当鲁冠球看到汽车发动时产生的滚滚黑烟时，便想到传统汽车尾气的排放对环境的污染太大，于是他想要制造新能源汽车支援国家建设。历经 48 年的发展后，小小的宁围公社农机厂壮大成了鼎鼎有名的万向集团。"万向系"不仅实现了对国内汽车零部件产业的高度整合，而且成功组建起一个包含汽车、新能源、农业、地产、金融诸多领域在内的庞大帝国。如今的万向集团，可谓真正的产业巨头。从最初的产业工人到为了梦想办厂再到支援国家建设，最后"立足国内，面向国际"，这个过程不仅是企业家的创业经历，也是创业者的身份构建和自我认知的过程。

关于身份构建，Sarasvathy(2008)将这一现象称为人带入创业过程的一种相对不可改变的特征。Sarasvathy 和 Dew(2005)认为身份是在行动结果不明的情况下影响个人决策的，而基于偏好的决策是在行动和结果之间存在因果关系的情况下才起作用。因此,关于企业家身份构建的结论更加强调企业家精神对于创业实践的影响。

身份是企业家创业过程中的一个相对连贯和稳定的前提条件,它支持潜在企业家在不确定和模糊的环境下对决策依据进行排序,并做出决定。但与此相矛盾的是,当个人开始以企业家的身份行事时,他们又会反思自己是谁。这打破了身份认同作为一种既定的决策前提指导个人创业行为的观念。因为,作为创业行为的结果,身份又在整个过程中不断发生变化。此外,有进取心的人在这个过程中会充满恐惧、挣扎和抵抗,这也影响了他们在这个过程中的自我认同。因此,创业实现过程不仅仅是一个实现资源配置、利益相关者承诺、组织管理等的过程,也是一个身份构建的过程。事实上,一些人甚至可能认为创业的目的就是实践和学习更多的关于"我是谁"的知识。身份是多重的且不连贯的,因此也会影响着创业过程的展开。当企业家精神被打断时,个人会面临创造新事物的挑战,而这往往难以根据旧的惯例、观念和意义进行转换或转移。当旧的身份遇到新的身份,多重身份和混合身份就会被创造出来,类似于学生时代的创业。由于不同的自我意识难以以积极的方式结合,个体在创业实现过程中会进一步感到困惑和压力。由上可知,创业过程的身份构建是一个极其复杂又曲折的过程,也是对创业者决心和耐力的极大考验。一个人只有不断评判、审视自己,并找出正确的方向和道路,同时拥有合适的外部条件和不同于常人的魄力,才能真正成为一个优秀的、成功的企业家。

五、本章回顾

本章讨论了移民创业的个体性动因。我们知道了创业者的创业动机和意图,也分析了影响移民创业的个体特征,如:为什么女性创业率低于男性? 年龄和创业决定是否呈正相关关系? 受教育程度和冒险倾向是怎么影响创业动因的? 另外,在经济特征方面,学界存在两种不同的观点:拥有越多资产的人,就越有可能选择创业吗? 还是生活条件相对窘迫的人,才会因为外部因素而不得不选择创业? 未来还需要对此进行更多的研究,以确定创业选择的决定因素,并得出更具有指导意义的结论。在人力资本方面,我们阐述了教育水平是影响创业的一个重要因素,它不仅能让创业者更好地将自己所学的知识运用到企业管理方面,也有助于他们利用原有知识在其他领域进行更广泛的实践。同时,移民创业者之前的工作经历也不容忽视,这将决定他们日后该如何与关键利益相关者建立关系、分配人力资源、适应市场需求以及促进组织内部的沟通。创业者身份的构建是创业者的"灵魂"。创业者反复思考,不断摸索定位,在确定"我是谁""我是做什么的""我的目的是什么""我想成为怎样的人"这个过程中带领企业不断发展和成长。

第四章 移民创业的社会性动因分析

移民的创业决策，不仅仅取决于其自身因素，还受到周围环境因素的影响。从社会网络关系看，一方面移民与母国有千丝万缕的联系，另一方面随着移民生活的展开，他们又要与移民国各利益相关方建立起新的社会关系。这样的双重性社会嵌入对移民创业会产生怎样的影响呢？移民在创业过程中，又依赖于哪些社会网络关系呢？本章将逐一探讨相关问题。

一、社会嵌入性的双重机会效应

每个人都是嵌入在一定的社会网络中的，人们与周围的人之间会建立起或远或近、或强或弱的关系，这种社会网络关系是动态变化的，它会为创业者提供良莠不齐的创业资源。地理位置的改变也使移民所处的社会关系网络有所改变。通过社会嵌入性理论的诠释我们能更好地理解社会网络对移民创业具有的优势与挑战。

首次提出嵌入性概念的波兰尼认为：人类经济嵌入并缠结于经济与非经济的制度之中，将非经济的制度包括在内是极其重要的（李卓瀚，2018）。个体的行为会融入社会网络关系中，并同身边的关系网络发生信息或其他资源的交换，同时个体的偏好和行为也会受到周围社会关系网络的制约或影响，也就是说，社会嵌入性具有制约效应。在这种嵌入背景下，个体通过整合社会网络中的各种资源来获得更完整的信息和创业资本，以达到满足最大需求的目的。

社会关系网络就像错综复杂的蜘蛛网,节点和节点之间的联系有疏有密,因此不能做到面面俱到,肯定会在某些地方有所缺失。而这些缺失的部分在社会网络中就被称为结构洞(Burt,1992)。移民创业者往往位于社会网络的结构洞中,位于两个密度更大的社会网络(母国的社会关系网络和移民国的社会关系网络)之间。移民创业者可以把两个网络资源对接起来,形成创业机会。不得不承认,在对异质资源获取的范围和便捷性上,结构洞有着不可代替的优势,但同时接受、筛选、运用这么多资源信息的难度也显著地增大了(李琪,张志衡,2020)。

处于结构洞的移民创业者,联结着母国和移民国两个社会关系网络,正是因为他们所处的特殊位置让他们看到了别人看不到的创业机会。除了这个特殊的网络位置,作为社会关系网络中的一员,移民创业者也像其他网络节点一样,拥有一些通常意义的创业资源和机会(即不需要同时动用自己所联结的两个社会网络的通常的创业机会)。比如,移民联系着母国和移民国,进城务工人员联系着家乡和所在城市,海归联系着曾经旅居的地区和现在生活的地区。这些移民既可以同时动用两个社会关系网络发现创业机会,也可以仅动用某一个关系网络进行创业。比如,如果进城务工人员开发廊,就是通常的创业机会;如果进城务工人员做城乡贸易,把家乡质优价廉的土特产运到城市售卖,就同时动用了两边的社会关系网络。一般来说,移民创业者位于网络结构洞,他们可以调用、集中周边的社会资源把产品或服务做得更好,也可以将两方资源进行整合,创造新的产品或服务。

综上,双重社会关系网络嵌入的特殊性,使移民可以站在特殊的网络节点位置上获得更加全面的信息,从而拥有双重机会,增加创业成功的可能性。

(一)早期的嵌入性劣势

社会关系网络的建立不是一朝一夕的事,移民创业者在移民初期也面临着早期的嵌入性劣势。Jones 等(2014)的研究称这些移民创业者为"资源不足的企业家"；Barron 和 Colleagues(2018)使用"弱势企业家"一词描述移民创业者的早期特征。移民创业者需要不同类型的资源来启动和发展他们的事业，但是移民初期的创业者们往往在空间和种族方面处于劣势。只有克服移民带来的部分障碍和局限，亦即建立有效的社会性网络才能打破这些壁垒。但多数移民创业者在初到移民国时会有很大的心理落差，原本在母国已经拥有的身份地位、社会权利等优势不复存在，甚至在母国掌握的一部分人力资本也因为移民国不同的文化背景等而无用武之地。教育、语言、技能等方面的相对劣势，会使移民在移民国的社交网络环境中遭遇歧视或进入壁垒，很难建立起自己的社会新网络，必须要经历一个进展缓慢的重新认识的过程，这也使移民创业者的创业等经济活动处于劣势。

接下来，我们将通过"劣势理论"与"社会流动性受阻理论"这两点来阐释早期社会嵌入性的劣势之所在。

1. 劣势理论

劣势理论以移民为主要研究对象，它指出由于存在语言不通、教育经历不被认可、从业经验不相似等人力资本问题，移民在移民国的劳动力市场上处于很大劣势，而这些劣势也会影响其后续的各项发展(Fregetto，2004)。

来自移民母国的人力资本在移民国的劳动力市场被重视程度不高，他们在母国获得的学历证书往往不被承认。而且大部分移民都存在语言沟通方面的障碍，又不熟悉移民国的社会、经济和法律环境。因此，他们在与当地居民竞争工作机会时必然会遇到困难，尤其是当他们没有在移民国接受过额外的教育或培训时，更是如此。能否熟练地运用移民国的语言，可能是决定移民选择自主创业还是选择获得体面工作的关键。语言能力会影响移民对业务和目标市场的选择。交流不畅、教育经历欠缺使他们不能迅速建立起学业或日常生活过程中的社会关系网络。这一部分社会关系网络在社会资本中占比很大，也有较高价值，不能及时建立这样的社会关系网络对移民来说是一笔较大的缺失。大部分移民在移民初期也会因为生活贫困而备受歧视,他们对当地文化的了解有限,跨文化能力较弱,与当地居民理解和看待事物的角度有异。以上这些人力资本问题在很大程度上限制了移民者的上升空间,使他们很难到达移民国社会的中上阶层,更难以多方面地结交各类人群,因此很难在移民国建立起新的弱连接。而弱连接对于初来乍到、新建社会关系网络的移民者来说意义重大。弱连接的缺失就意味着移民没有真正融入这个新的社会关系网络大环境中,就算有强联接的存在也只是在同时期移民中早已在母国建立起的关系,没有新的发展就是故步自封,起不到多少效用。也就是说,这些劣势大大减少了创业的机会,也严重阻挡了创业的进程。

在我国国内,以三峡移民为例,移民初期的嵌入性劣势是:原有的社会关系网络在一定程度上要被放弃,新的社会关系网络又不能立即建立起来。三峡移民多来自重庆,但安置地大多在广东等地,地区文化差异很大,生活习惯也多有不同,方言也迥然有异,三峡移民初期的融入就遇到很多问题。虽然这只是些短暂的、能解决的小问题,但对亟须搭建社会关系网络的移民来说却举足轻重。社会关系网络的建立不畅很大程度上削弱了社会资本,使移民在创业支持和发展方面遇到困难。社会资本在某种意义上也包含着经济和法定权益,如果不能保证移民在异地的经济和法定权益,就会使移民的社会关系网络在异地处于一个十分低下又尴尬的境地,从而没有接触、拓展更广阔的社会关系网络的机会,这也是阻碍移民自主创业的劣势之一。

2. 社会流动性受阻理论

社会流动性受阻理论认为,劳动力市场安排隔离了某些群体,为他们的流动制造了障碍。由于能力不能被移民国承认,移民成为当地劳动力市场上的"边缘人群"。他们对职业角色的理解与移民国居民也存在着差异。这些差异导致移民将比移民国居民有更高的自主创业倾向。以加拿大为例,我们发现,同样接受过高等教育的移民,他们在非专业性服务行业的创业前景显著优于加拿大本国人。因为,这些从加拿大境外获得高等教育证书的移民可能在劳动力市场上处于特别不利的地位。他们的"行动受阻"可能是因为他们的能力得不到认可，特别是以正式学历为代表的能力。面对这种情况，这一移民群体在非专业职业中的自我就业倾向要比在加拿大本土出生和接受本土教育的移民群体高得多。同样的，英国 22% 的亚洲店主拥有大学学位，而白人店主的可比数字为 3%。同样的创业环境下，移民自我创业者的学历更高也从侧面反映出了因其在劳动力市场上不受认可而不得不做出创业的选择。这也是社会流动性受阻理论的又一证据。

综上，移民初期面临着嵌入性劣势的问题，但凡事都有两面性，移民创业者所处的特殊社会网络位置，在社会网络动态变化的过程中，后期的桥连接优势便会不断显现，使移民创业者能看到别人看不到的信息和趋势、能发现别人难以发现的创业机会。

（二）后期的桥连接优势

移民创业活动需要大量的信息、资本、技能和劳动力。社会资本是移民社会网络的关键组成部分，并在很大程度上决定移民者是否能够获得成功。社会资本是行为者通过社会关系获得的有形或虚拟资源的集合。他们通过共同的起源、共同的语言和共同的价值观形成共同的命运，亲密的、面对面的互动和内在的互惠飞地为经济和社会组织提供了基础，促进了职业培训中人力资本和金融资本的积累，从而促进创业目标的实现（Lin，1999；Portes，1999）。与此同时，社会资本也包括帮助他们完成工作的联系人，有的是在移民地新近结识的，有的是通过认识的人而结识的"朋友的朋友"。当这些联系有助于他们的创业目标时，这些社会联系就是他们的社会资本（Burt，1992）。联系人通常是非正式的工作或非工作关系，这些关系可能会延伸到整个职业网络，触及朋友和以前工作的同事。创业网络可以跨越关联组织、企业集群，以及帮助他们建立公司的其他人（Hansen，1995）。

大多数学者对社会网络的讨论以联系强度作为介入点。联系强度主要指时间投入、情感强度、亲密度和互惠性的总和。Granovetter (1973)认为社会网络成员之间的关系是有远近、强弱之分的,从而发表"强弱关系理论"。

强关系是指频繁且密切的联系,强关系能够使网络成员之间形成信任与互惠关系,能够降低冲突,产生共同解决问题的机制,这些机制都能够促进组织之间良好的信息转移(周浩军,2011)。强关系一般表现在家人与亲戚之间,他们通过亲属网络、父辈创业经历、家庭环境和家庭融资财富四个方面展现出弱关系所不能拥有的信任关系,从而更加坚定了创业合作的选择。以母国是菲律宾和韩国的移民为例,他们分别建立了以一个家庭再捎带一人与以两个家庭再捎带一人的办法成功移民美国的模式。据此来看,迁移过后的 10 年中,每 6 个家庭再捎带 5 人移民的情况也不是什么困难的事情(科尔曼,1999)。再比如,在新加坡,企业规模越小,雇佣的亲戚就越多;曼彻斯特的企业家雇佣的家庭成员似乎比新加坡的更多,这些移民企业家可能不愿或无法从其家庭以外的地方雇佣员工,因此在他们的员工中,家庭成员占比更多(Hamilton,2008)。表 4-1 的统计数据印证了这一结论。

表 4-1　　　　家庭员工占全职员工数量比(Hamilton,2008)

人数	新加坡	曼彻斯特
0~9	30%	55%
10~19	12%	32%
20~29	5%	10%
30~39	3.5%	0
40~49	7%	7%
50~59	0	0
60~69	0	3%
70~79	0	0.5%

（续表）

人数	新加坡	曼彻斯特
80～89	3%	0
90～99	2%	0
>100	1%	1%

弱关系是指不频繁且疏远的联系,因为其能接触到更广泛且新颖的信息,也被称为桥连接。弱关系一般表现在朋友或者熟人之间。在硕大的社会网络中总会有部分关系存在缺失,这就形成了结构洞。结构洞就像一面墙阻碍了社会网络中的人进行的正常交流。强联系因为关系紧密,彼此之间的信息重叠度高,除了导致资源冗长烦琐并不能有效地起到填补结构洞的作用。但弱联系因为其亲密度较低、广度更大、可连接性更强,从而在结构洞上架起了一座桥梁,弥补了结构洞带来的信息上的损失,能最大程度地满足社会网络中的信息交流。这也就是弱关系被称为桥连接的原因。虽然并非所有的弱关系都能充当信息桥,但能够充当信息桥的必然是弱关系;社会成员之间的弱关系,比起强关系来,更能承担通向原始和最新信息的桥梁作用(Granovetterm,1973)。研究表明,具有丰富桥连接的集群企业能够更好地获取新的信息、创意和机会,集群企业在桥连接丰富程度上的差异是集群企业竞争能力异质性的重要源泉(周浩军,2011)。结构洞上建起的桥梁越多,能够获取的信息越丰富,越容易发现创业机会。当桥连接提供的信息通过创业者转移到企业内部后,就真正地转化成了企业的创新动力。大部分研究表明,社会网络对移民的流动和社会融合起着关键作用(张文宏,2011),这些新建立的社交网络虽然不像家庭和亲戚关系那样亲密,但它们是工具。对于跨国移民创业来说,跨国移民间的弱关系可以促进移民在移入地社会网络的快速形成(张红霞,苏勤,2017)。多数跨国移民都从家庭、母国、飞地获得了广泛的社会支持,从而完成跨国移民创业。移民就像新鲜血液,可以使周边的关系网

络得到了迅猛的发展和扩张。不断递增、牢固的社会网络也就从根本上降低了难以解决的移民创业问题,如风险、成本等,同时因为网络的不断拓展,不单单是存在于移民国的商机,母国的商机也更容易被发现和利用。

二、网络动态与创业机会分配

网络对移民创业者来说有三个特性:第一是尺度,移民创业者为了获得更重要、更丰富的信息或者其他社会资源,需要扩大他们的网络;第二是定位,移民者必须处于一个有力的网络节点,如结构洞上,才算是最优定位,以降低获得资源的成本和扩大获得资源的范围(Burt,1992;Granovett,1973);第三是关系结构,社会关系可能与移民者自身有关,也可能与其他通过关系或互动结识的人有关。移民者为了更好地融入当地网络做着不懈的努力,其周围的社会网络本身也在变化着。

由于市场的不完全竞争性和社会网络资源分配的不完整性,社会网络会随着企业资源搜索与获取的过程而发生动态演化。社交网络并不是一成不变的,它们是企业的社会背景,可以根据不同的需要被激活(Granovett,1985),建立一个企业需要不同阶段的不同联系和资源。在企业创立的初期,企业家们接触的网络结构大多以核心关系圈为主,规模较小,通过闭合结构在家庭成员、亲戚、亲密的朋友之间,以善于表达情感为纽带的强关系为基础获取他人无法洞察的创业机会。随着企业的成长,企业家们不再拘泥于小型社交网络,他们多数进入了中间关系网络,这些关系网络以中型、稀疏结构为主。企业家们在政府官员、银行投资者、关键客户或者业务合伙人之间周旋,利用强弱关系同时存在的社交圈获得对自身有利的第一手信息。当企业成长到后期时,企业家们的社交网络与最初相比可能已经扩大了数倍,此时他们更加偏向于利用社交圈的外层资源,并且他们更希望能尽量再扩大目前社交圈,与更多社交圈相联系。他们的伙伴也从之前较为熟悉的身边人转变成随机的、以前不认识的且背景各不相同的个体。而他们的联系强度也转变成以功能性、机会性为主的单纯弱关系。对于某一成长中的企业来说,随着社会网络的不断变化其自身会演变出多种多样的对于社会网络中其他个体而言十分有用的创业机会,而能否抓住这些时刻在变动的创业机会也与企业家的个人能力有很大联系。当社会网络中增加了某个企业,就会带来一些相关的创业机会。例如,如果富士康在河南郊区建园区,周边就会有一些配套的商机出现,原来的郊区慢慢建了很多房子,聚集了很多居民,生活配套服务也紧跟着出现,这些都是随着社会网络的变化而涌现出的创业商机。再如,随着华人移民的聚集,唐人街慢慢形成,汉语培训或者与华人有关的各种培训机构、专门为华人提供法律帮助等的专业机构、以中华美食为特色建立起的中餐店等,都是随着华人逐步聚居而出现的创业机会。

（一）同化

社会网络趋于成熟的一个特征就是同化现象的出现。同化主义者假定移民社区和移民国社会是内在相互冲突和相互排斥的,但随着时间的推移,移民会逐渐摆脱他们的文化包袱,与当地居民分享共同的文化和身份,从而不可逆转地走向同化。同化论将主流社会比喻成一个"熔炉",没有什么是不可被熔化的,社会弱势群体只能抛弃自己原有的信仰和价值观与主流思想融合在一起,异质观点最终还是会被"熔炉"所同化。也就是说移民所特有的文化、历史、思想将会被移民国社会改变,移民为了更好地生存也不得不接受这种改变(孔嫒,2011)。因此,种族和任何与之相关的事物都被含蓄或明确地视为负债而不是资产。同化主义学者认为移民飞地和由此产生的组织结构以非线性的方式存在。这种飞地虽然在初期会为团体成员的生存需求提供帮助,并使他们在新的环境中建立优势。但是,从长远来看,这些飞地将成为同化的障碍,因为它们有意或无意地阻止移民学习移民国的语言和文化思想,扼杀了他们接触统治集团和主流社会成员的机会,并把他们困在其中永久隔离。如果没有新的成员来补充,同族裔成员的外流或被同化将不可避免地导致民族飞地的衰落或解散。

从同化主义的角度来看,移民聚居区的社会资本很好地满足了移民的生存需求,但是随着时间的推移,越来越多的人力资本和金融资本会逐渐贬值,并最终枯竭。因此,能否产生文化适应或者结构性融合是这个问题的关键。在本地居民和移民团体接触的过程中,将首先发生文化同化或文化适应,文化同化可能在其他类型的同化尚未发生的情况下出现。文化同化并不必然导致结构同化,但结构同化不可避免地会导致文化同化。如果结构同化与文化同化同步发生或者发生在文化同化之后,那么所有其他类型的同化必将不可避免地接踵而至。由此可以推断:结构同化——与移民国社会建立起大规模的群体关系,即完全进入移民国群体和制度的社会网络或社会结构之中——是同化完成的关键。结构同化可以通过各族群间的通婚、移民国语言的掌握等来完成(Huntington,2004)。

1. 族群间的通婚

族群间的通婚在很大程度上代表着同化的形成。我们知道,只有当一个族群在社会中取得一定地位时才会发生通婚现象,也就是说当移民在移民国已经有了一定的经济地位后,大多会选择通婚这种方式来继续巩固自己的地位。在曼彻斯特有 76% 的中国移民同意自己的孩子与异族通婚,这或许是因为移居曼彻斯特的企业家开始适应西方的规范,不再恪守原本封闭的价值观,也或许是因为在曼彻斯特,有相同文化背景的群体规模有限,并非所有中国移民都能让他们的孩子在同样文化背景的人群中找到合适的伴侣。因此,企业家的孩子在选择配偶时也不得不与异族通婚。然而,这一不得已而为之的行为却帮助曼彻斯特的中国移民拓展了更开阔的社会网络,甚至改变了原有的阶层,种族界线也逐渐变得模糊不清,原住民对种族的歧视也逐渐发生了改变。

2. 移民国语言的掌握

移民国与母国之间的差异,导致移民进入移民国后,存在各方面的转换困境。他们与原住民群体在文化交流上形成区隔,其生活习惯、价值理念、风俗习惯等都难以与主流文化接轨(曹雁翎,2016)。巨大的文化差异使得移民和原住民之间缺乏文化认同,他们之间缺乏文化层面的交流,没有亲近感,即存在社会距离。语言就是拉近社会距离的一剂良药,所有交际的根源都是语言。如果想有效地融入当地社会,首先就要融入当地的语言系统。语言在为自己发声的同时也代表着一个国家历史和文化的积淀,调查显示将近7成的拉美裔移民都会在半个世纪的时间内在移民国形成家庭和睦、枝繁叶茂的局面(Brooks,2004)。虽然这个数据只反映出来移民同化问题的一个侧面,但拉美裔移民的语言融入行为能够在一定程度上说明他们对于文化转变的接受与认同。图4-1显示了拉美裔美国人对英语学习的态度。

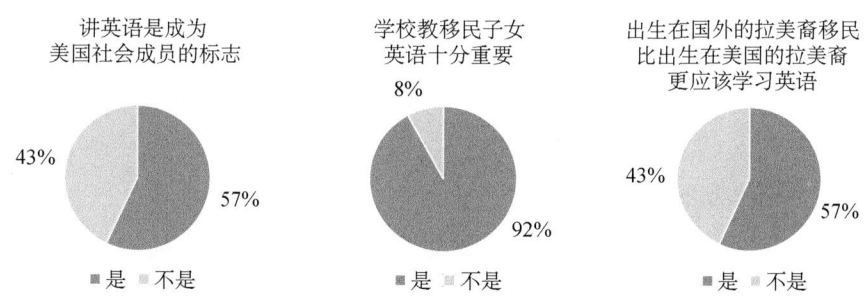

图 4-1　拉美裔美国人对英语学习的态度(Brooks, 2004)

20世纪50年代,法拉盛地区迁入了第一个华人家庭,那时法拉盛的商业区只有一个华人。到20世纪60年代早期,也只有一家中餐馆和一家华人洗衣店。然而今天的法拉盛却被人们称为第二唐人街、卫星唐人街或小台北。

大量华人的涌入解决了法拉盛地区严重的经济下滑问题。例如,许多郊区的华人家庭都会在周六下午带他们的孩子去法拉盛的中国文化中心学习语言课或游戏娱乐。当华人的孩子在文化中心学习或娱乐时,他们的父母就在当地的杂货店或专卖店购物。渐渐地,越来越多的人来法拉盛地区读书或浏览不同亚洲语言的杂志和报纸,顺便在当地就餐或购物。就这样,法拉盛社区的原住民接受了少数民族移民的驻扎,并开始欣赏他们带来的特殊的文化。这样的行为助长了法拉盛中心地区的亚洲商业的崛起。许多原住民也抓住了这一商机,与亚洲移民建立了良好有效的商业交流模式和社会网络,以期望在移民大潮中获利。法拉盛中心地区的写字楼也有了大规模的发展,空置率从20世纪70年代末的7%骤降到不足1%。显然,法拉盛地区的同化成果是非常丰富的。

在蒙特利公园社区的华人经济圈,虽然许多中资企业仍与唐人街相似,是以夫妻或父子所经营的餐厅、礼品店、食品店及其他小规模的服务业为主,但新兴的商业组织却更大、更加西化。这些新兴的商业组织在销售亚洲产品和提供服务方面,大多会进行组合升级或改进以更具西方特色。除此之外,移民者在经济方面取得成功后又尝试涉足政治领域,并试图通过政治行为彻底融入蒙特利公园社区。他们的影响甚至延伸到蒙特利公园以外的圣加百利的其他华人社区的选民,这些选民承认华人或亚洲候选人的选举,并支持洛杉矶华人和亚裔美国人力量的整体发展(Gold,1998)。

以上两个实例告诉我们:移民聚集地形成的结果是促进而不是阻止群体成员的最终被同化并进入主流社会。越来越多的社会网络也不太可能被单一的移民组织所控制。不同背景的社区成员共同赋予社区力量和活力,他们团结起来对抗城市中心区的贫民趋势化和社会隔离,并使这个地方逐渐发展为富裕的移民"集结地"。

(二)文化隔离

同化的反义词就是隔离,既然同化使不同文化背景的种族发生融合,那么隔离就是阻碍种族融合的力量。文化隔离领域的大多数研究都是聚焦于种族群体。根据 Yinger(1985)的观点,一个种族群体是"一个更大社会的一部分,其成员本身或其他人都认为他们有共同的起源、分享共同的文化、参与共同的活动,其中共同的起源和文化是最重要的影响因素"。

正是因为人们的种族观念比较重,所以移民创业面临的一个首要难题就是要在民族市场和非民族市场之间做出选择。当然,大部分民族企业家在创业早期都会因为自身情结等原因愿意将企业设立在自己所在民族的市场之中。此外,移民和少数民族成员倾向于依赖他们的同族裔网络,这也会影响他们的创业选择。现有的种族群体经常被视为是一种安全的社会网络。这种同根同源的社会网络对新移民或者是想在移民国有所发展的移民创业者来说尤为重要。这些资源可能包括因为同种文化背景而造就的廉价和忠诚的族裔劳动力(Waldinger,1985 年)、用移民的母语进行交易的能力、关于移民偏好的信息以及与移民原籍国的联系,这些资源有助于移民创业企业的建立和经营。通常,他们会选择进入一个典型的同文化社会网络,或者模仿其他成员的群体活动和商业模式。这种方法减少了感知的不确定性,在增加了信任的同时,提升了社会资本,增强了合作的稳固性,通过强联系在最大程度上互利互惠,降低冲突,并产生共同解决问题的机制。

移民企业的成功取决于机会结构和社会网络之间的复杂互动,同种文化背景下的经济网络允许移民同胞在主流经济中获得更多更好的工作、减少失业、改善工作条件。在一个社区内大量出现同文化背景的企业的重要先决条件有:一是移民者的民族产品拥有足够多的潜在消费者,二是他们通过创办企业以谋求在移民国的永久居留。Waldinger 等人(1990)的调查研究显示,在相同移民文化社区中最先创建的移民企业是餐馆、杂货店或用母语经营传统服装或书籍的商店。当移民社区足够大的时候,移民企业家可能会拓展他们的商业活动,但仍然为他们原本的文化创造产品和服务。这是因为初到移民国的移民者前期难以建立与移民国之间有效的社交网络,所以他们只能通过原有的联系在同文化领域中开发自己的社交网络。随着生意的慢慢壮大,社会网络也慢慢地与移民国的原住民建立起弱关系,此时未能创业成功的移民或者后期到达的移民便成了社会网络中的结构洞,"老乡帮老乡"的意识也让同种文化网络中的创业机会更加倾向于同根同源的兄弟,于是新移民便获得了该文化体系网络之外不能共享到的资源和信息。移民者通常在到达新环境后才意识到他们自己的文化可能对工作有好处。无论一个人是英国人、阿尔巴尼亚人还是蒙古人,迁移到一个有着异域习俗和难以理解的语言的新社会的行为本身,就有可能提高一个人对自己的文化和民族身份的认识。

不管在何时何地,移民创业者都更倾向于在相似的行业中经营。实际上,在曼彻斯特的企业家中,29%的华人和47%的印度人表示,他们的贸易选择在某种程度上受到了父亲背景的影响。同样,唐人街的兴盛与文化隔离也密不可分。作为同一个文化关系网络之内的人,就会拥有特殊的仅仅属于该文化群体的创业机会。由此便产生了汉语培训班、中餐馆等各类民族文化特色鲜明的产业和创业机会。

三、族群网络及资源的可获得性

在过去的三十多年中,研究人员分析了族群网络或散居者移民在创业活动中的关键作用(Waldinger,1995;Zimmer,Aldrich,1987)。现有族群经常被视为一种安全网络,这对于新移民尤其重要。事实上,这对于所有希望在移民国社会中立足的移民都非常重要。对于企业家而言,这样的网络可以提供财务资源、规则意识、市场知识以及与潜在员工和客户的联系(Barnard,Pendock,2013;Kalnins,Chung,2006)。社会网络在一定程度上能够帮助创业者获得财务资源,并帮助他们发现更多的创业机会(Kloosterman et al.,1999)。此外,在高资本部门中,投资、销售和利润都随着移民网络的附着而增加(Woodruff,

Zenteno,2007)。研究表明,人力资本、个人纽带和家庭纽带促进了劳动力和金融资源的汇集(Sanders,Nee,1996),个体间的人力资本和家庭构成的差异可以从实质上解释族群之间的个体经营差异。

族裔社区是移民创业者获得支持和商业机会的主要所在,包括获得潜在投资者、经验丰富的企业家、价格合理的劳动力、社会和经济支持,以及创业者在熟悉的社会和文化背景下使用其母语的可能性(Aldrich,Waldinger,1990)。族裔社区也被视为防止敌对活动和竞争的一种手段。Waldinger(1995)的研究表明,在创业阶段,来自族裔网络和各种社会关系的支持至关重要。随着业务的拓展,这种支持的重要性会逐渐降低。随着创业活动和客户群逐渐扩展到移民所在社区之外,企业的经营和管理方式开始类似于其他非移民企业(Bates,Dunham,1993)。

然而,一些研究也证明,族群网络的作用并不总是那么明确的(Engelen,2001;Kalnins,Chung,2006;Waldinger,1995)。Bates(1994)在对亚洲移民研究的基础上指出,过度依赖于族裔社区支持网络是利润较低、容易倒闭的小企业的典型做法。成功源于大量的人力资本投资,而不是种族之间的联系。Kloosterman等(1999)指出,为了探究移民和少数民族企业家的社会地位,以及他们向上流动的机会,有必要超越族裔网络,将他们放在更广泛的社会关系中考察。种族网络的作用和特征因企业家的市场策略而异。例如,在跨国活动中,创业者的社会网络的动员能力起着主导作用(Portes,Guarnizo,Haller,2002),而对于其他企业家而言,族群参与可能是必不可少的(Portes,Jensen,1989)。不同的移民社区具有不同的创造、积累和使用社会资本的方式(Chand,Ghorbani,2011)。

(一)源于社会关系网络的信任资源

在创业初期,大部分企业面对的困难是资源短缺。其中信任资源对于移民企业初期的发展起到关键作用。一般来说,强关系是移民创业初期获取资源的重要渠道,若移民创业者善于利用强关系带来的资源(如,合理利用商业网络中的亲戚和朋友资源,有意识地和商业伙伴建立良好的信任关系等),则有利于创业企业绩效的提升。一般来说,拥有打工经历的创业者,其初创企业的绩效明显高于无此经历的创业者。这主要是因为,社会资本的网络规模和网络资源均显著正向地作用于移民创业企业的绩效。社会网络不仅能在移民创业初期提供金融支持,熟人社会关系网带来的信息资源还可使创业者处于较为有利的位置,降低信息不对称程度。关系网络可划分为社会性关系网络和市场性关系网络,两种关系网络对创业企业绩效的提高都发挥了显著作用。其中,社会性关系网络对创业企业的绩效作用更大。并且创业者的社会资本越丰富,社会网络越健全,其获取信息的渠道就越多,从而越容易获取网络伙伴的互补性资源并掌握市场动态,有利于其创业企业绩效的提高。

在嵌入性视角下,创业研究关注社会关系,特别是具体人际关系可以降低创业活动成本以及带来创业所需资源等方面的优势。嵌入性理论主要从信任、信息、规范这三个方面入手讨论对经济活动产生的重要影响。林嵩(2018)认为,"嵌入性的优势能够为初创企业带来信息、信任、情感支持、规范等无形资源。"良好的社会网络能够更好地联系起身边的可用关系网和资本,这一点也很好地弥补了"新生企业"所缺失的内容。秦志华等(2014)认为,"创业团队的信任,是创业者合作过程中为谋求不确定性收益而相互放弃防范行为的意愿和关系,以对未来收益的测算信任为基础,对团队成员能力和品格的认知情感信任为起点,对权益实现和配置方式的制度信任为归属。"信任的构成大大减少了创业资源在挑选信息方面所花费的成本。而构成信任后更亲密的人际关系相较于其他无基础的契约关系更值得信赖,传递的信息也变成了更好的信息,从而反方向地约束规范了彼此,形成更牢固的社会网络。

以唐人街为例,唐人街并不是一开始就存在的,它源于越来越多的华人移民聚集在一起并进行相似的创业活动。身处异国他乡,华人同胞之间的交流,相较于与其他种族人民的交流更流畅、更紧密也更具有可信度,从而形成"一传十、十传百"的情况。大家聚集在某地,相互扶持、相互帮助,通过各种商业活动满足所在社区的相关需求,并形成了唐人街理事会等专门的管理机构。这就是族群间的信任、信息和规范带来的强大力量。

(二)源于社会关系网络的融资渠道

与一般的创业一样,移民需要获得不同类型的资源才能开启和发展自己的业务。如何获得贷款对所有小企业来说都是一个难题,并且对于移民或少数民族企业家来说,这个问题尤其严重,因为他们缺乏信用评级、抵押品,或者本身便是种族歧视的受害者。Jones 等人(2014)的研究称移民创业者为"资源贫乏的企业家";Baron 等(2018)使用"弱者企业家"一词来强调种族和族裔的弊端。现有研究揭示了一些相关的局限性和特殊障碍。这些局限性包括移民创业者对语言、技能、有关移民国的法律和经济知识的缺乏,以及移民和少数民族的跨文化能力;这些障碍通常与难以获得当地融资机会有关。大多数研究表明,使用社会(尤其是族群)网络可以部分地克服这种融资障碍。Kloostermanet 等(1999)指出,因为难以获得金融资源,移民创业者往往倾向于在经济结构的低端寻找商业机会,导致他们对社会网络的严重依赖。Sanders 和 Nee(1996)认为与网络相关的资源(例如与家庭的联系)对于自雇移民至关重要。Nee 和 Sanders(2001)的研究,是通过移民的家庭资源、融资和人力资本,预测移民在各种劳动力市场中的发展轨迹(创业就是其中之一)。

以在美国的亚洲移民企业家为例,他们在高度互助中获益。中国和日本移民到达美国的初期,贫困加上劳动力市场上的歧视往往促使他们从事自营职业(Light,1972)。尽管经济状况不佳,但合作自助机构使小企业的创建成为可能,如,从中国南部和日本来到美国的移民以传统的循环信用协会模式作为小企业资本化的主要手段（Light，1972）。贫穷的移民群体因为这种群体的团结互助，通过经营小企业而获得了成功（Bonacich，Light，1988；Aldrich，Waldinger，1990）。

在美国，种族是创业公司创始人与风投公司合作伙伴匹配的主要决定因素。共同的种族关系增加了风险投资公司投资创业公司的可能性，提高了风险投资公司的参与程度，增加了投资的规模和范围，金融合同对企业家也更加友好。这些结果与基于信任和社会网络的机制是一致的。

Lyer 和 Shapiro（1999）报告说，在创业阶段，尽管需要融资，但移民创业者很少去寻求族裔以外的援助。原因有很多：首先，他们不了解现有项目对融资机构的吸引程度；其次，他们面临语言障碍；最后，这些移民创业企业在从银行等正规渠道筹集资金和从供应商那里获得信贷方面可能面临歧视（Ram，Hillin，1994）。他们不可避免地会在创业时非正式地向家庭成员和同族人借贷。他们依靠民族团结来满足融资需要，也广泛地依赖于家庭成员和族裔群体提供的人力资源。移民创业企业的生存取决于能否获得廉价的劳动力和紧密的社区网络。研究表明，大家庭提供的廉价资金及人力资源与企业增长之间存在着正相关关系（Basu，1998）。Chu（1996）对不列颠哥伦比亚省华裔企业家的研究结果表明，他们依靠在少数民族社区招聘员工，寻找客户和供应商，从而获得道义上的、财政上的支持和建议。因此，移民创业企业成长依赖于创业时他们的亲属和同族提供的资本，即从非正式渠道筹集的资金。除了资金，同族劳动力资源对企业增长也很重要。更多地使用家庭和同种族的雇员使移民企业比他们的同行更具有竞争优势（Waldinger et al.，1990）。雇佣同族劳动力使移民创业企业能够降低就业成本，并保持较低的工资水平。移民企业家也最大限度地利用廉价的家庭劳动力，因为雇佣家庭成员的成本更低。对移民企业家来说，雇佣同族劳工相对比较便利，因为这些劳工也面临着难以在主流就业市场就业的困境，甚至由于身份不合法，他们也愿意接受薪资较低的工作(Waldinger et al.,1990)。

四、本章回顾

本章讨论移民创业的社会性动因。由于语言不通、不了解移民地规章制度、经济知识欠缺以及各类创业资源不足等问题的存在,移民创业离不开社会关系网络和社会资源的支持。社会关系网络提供的信任资源和融资渠道,为早期面临嵌入性劣势的移民创业者提供了商业信息、创业机会、启动资金和必要的人力资源。尽管文化隔离现象确实存在,移民还是会努力地融入当地社会,只有后期的桥连优势发挥出来,移民才能更好地发展壮大自己的事业。

第五章 移民企业家的创业障碍

移民在自己不熟悉的环境中创业,不免会遇到各种困难障碍。通常,移民需要一段时间才能适应新环境并克服歧视、语言障碍和就业机会有限等问题。对于移民企业家来说,在创办和发展企业的过程中,他们既要和当地企业家一样承担创业面临的相同压力,又要面对语言不通、经营环境认知不足、跨文化沟通障碍等特殊困难。

一、移民地劳动力市场中的阻碍

移民地劳动力市场对移民创业来说至关重要。比如,移民创业企业是否容易获得所需的劳动力资源,劳动力的成本高不高,劳动力交易的延续性如何,这些都会对创业企业的绩效产生影响,甚至成为移民创业企业在当地劳动力市场上面临的阻碍,是创业企业存活和发展壮大必须面对的挑战。

(一)劳动力市场及特征

在经济学家的视角里,劳动力市场是进行劳动力交易的一种要素市场。从宏观角度看,劳动力市场是由各种部分或单一劳动力市场组成的总体劳动力市场体系;从微观角度看,劳动力市场是指特定劳动力的供求双方自由协商签订劳动力使用权转让合同的市场环境。简单来讲,在这个市场上,卖主出售的是自己的劳动力。

劳动力市场的特征包括:①特殊性;②多样性;③不确定性;④交易

对象难以测量；⑤交易的延续性；⑥交易条件的复杂性；⑦劳动力出售者地位的不利性。表5-1中的内容清楚地介绍了劳动力市场各个特征的含义。

表5-1　　　　　　　　　　　劳动力市场特征及其含义

劳动力市场特征	含义
特殊性	不同于一般商品贸易的性质，劳动力不能与劳动者分离
多样性	由于不同的劳动力不能相互替代从而形成不同类型的劳动力市场，在不同的劳动力市场中，市场价格也各不相同
不确定性	劳动力供求方之间的联系非常分散
交易对象难以测量	企业难以用某种可量化的衡量标准衡量劳动力的质量
交易的延续性	达成交易的双方关系在一定时期内是延续的
交易条件的复杂性	交易条件复杂，往往在工资条件外还存在着其他非工资就业条件
劳动力出售者地位的不利性	劳动力的出售者在劳动力市场上处于不利的地位

劳动力市场的特征决定了当企业希望在劳动力市场上挑选出合适的优质员工时，往往很难以一种量化的手段来对求职者进行打分评判。在现实中，人力资源部门除了以求职者的学历学位、在校成绩、工作年限、从前的薪资水平等客观指标作为甄选雇员的依据外，他们还会以纸质试卷、网络在线答题、线下面试、组织无领导小组讨论等方法筛选想要的员工。可见在这特殊、复杂而又难以确定的劳动力市场上，移民企业家要想挑选出合适优质的人才，并不是一件容易的事。

（二）移民创业企业在劳动力市场上面临的阻碍

移民创业企业相对于那些扎根本土的老牌企业而言，成立的时间短，一般都具有规模较小、组织结构不完善等特点。与一般创业企业的人力资源招募相比，移民创业企业往往对于人才的要求较高，需要一专多能的人才，而这样的人才在劳动力市场上本来就是稀缺的，即便是有,这样的人才也未必愿意为移民创业企业工作。所以,移民创业企业在劳动力市场上往往面临许多问题。

1. 劳动力资源不易获得

1) 意愿应聘者较少

随着世界各国政府实施签证限制,移民企业从母国获得劳动力资源的难度加大,只能被迫从移民国的现有劳动力市场进行招聘。而在移民国劳动力市场上,移民创业企业由于成立时间短,在市场认可上并不占有优势。部分移民创业企业经营规模小,组织结构不健全,自身管理水平低,求职者对这类企业的实力和发展前景抱有怀疑态度,在同样的薪资水平下应聘者往往更愿意选择那些熟知的本土企业。如何在劳动力市场上引起求职者兴趣,促使他们选择加入,是移民创业企业不得不考虑的问题。

2) 移民创业企业本身对人才的要求较高

相对于普通的企业来说,移民创业企业在人才需求上往往有着更高的要求。通常新创企业在组织结构和分工方面都不太完善,需要员工一专多能。前来应聘的职工往往需要在了解本地环境的同时又能够适应移民企业家带来的经营理念,在语言沟通上需要能够既和雇主即移民企业家沟通,又能和当地的客户、政府、税务机关等交流。同时由于移民企业家对于当地法律、经济状况等不够了解,应聘者通常被希望能帮助移民企业家弥补这一方面的不足。而在上文中,我们已经知道在劳动力市场上,劳动交易对象是难以衡量的,移民企业家要想从中筛选出合适的员工需要充足的调查考核,这增加了移民创业企业在劳动力市场上的隐形交易成本。

2. 劳动力成本高

1) 招聘成本高

移民创业企业在招聘时不得不考虑交易的成本,在现实中聘用外国劳工往往需要向当地政府提交申请,需要通过政府的监管考核,但很多政府对于守法经营者的申请审批愈来愈谨慎,企业在招聘时常常面临复杂的交易手续和较高的交易费用。据加拿大《明声报》报道，一位在温哥华唐人街经营了几十年饼店的老板向政府投诉，公司申请招工的审批越来越严格，审批手续也十分复杂。以目前一项"劳工市场影响评估"（Labour Market Impact Assessment）申请为例，该店主已经申请了大半年也没有得到反馈，而他每次申请都要缴纳 1 000 加元，有时申请表格稍有不规范之处就要重新填写，甚至需要聘请专业的顾问协助填写。而且申请有效期现在已经从 2 年缩短到了 1 年，这也就意味着，外籍临时工刚在店里工作半年，店主就要再次申请政府的审批。[1]如此复杂的流程和高昂的费用委实给移民创业企业带来了不少麻烦。

2）用工成本高

以美国为例，该国设置了较高的最低工资标准和工资水平，在企业对员工的福利补贴方面要求较高，这无疑提高了企业的用工成本。大多数移民创业企业处于劳动密集型行业，有着大量的劳动力需求，过高的用工成本给企业经营带来极大的负担。此外，如果雇佣其他国家移民或者是当地人，企业就需要花费更多的时间精力对这些员工进行培训，彼此之间在工作方向和业务目标上也要进行一段时间的磨合。

3）潜在的法律成本

尽管移民创业企业的员工大多数都是来自本民族的移民，但员工之中也不免有其他国家的移民以及当地劳动者的存在。这些员工拥有不同文化背景在一定程度上弥补了移民企业家对于新环境的认知不足，为企业发展做出了贡献，但他们也可能给企业带来潜在的法律成本。

由于这些员工对本地的法律法规等比较了解，对于自身的权益保障非常重视，一旦工作环境的安全卫生标准达不到要求或者企业薪酬发放不规范、福利待遇不合规，他们就有可能向当地政府部门投诉。这就导致企业在经营管理上出现的一时疏漏都有可能招致当地政府部

---

〔1〕《明声报》（温哥华版）.http://www.mingshengbao.com/van/article.php?aid=600539.

门的追究,甚至收到法院的传唤,这些潜在的法律成本,不利于企业发展。

3. 劳动交易延续性难以保障

难以招到适合的员工让人头疼,即使招募到了,合同的延续能否保障也是个问题。根据 Bailey 和 Waldinger(1991)的研究,很多移民创业企业的老板和员工往往来自同一民族,彼此关系与其用严格的雇佣关系形容,不如用非正式的师徒关系表示更为贴切。员工以学徒的身份来企业学习与工作,并为将来创业当老板做好准备。因此当移民创业企业经营发展出现困难时,或者员工对企业管理、薪酬等不满时,他们就有可能迅速结束这种不正式的劳动关系,到别的企业工作,甚至直接利用之前的工作经验自己创业当老板,这些都给劳动交易的延续性埋下隐患。还有一些企业会选择招聘留学生,这些留学生与移民企业家能够顺畅交流,在文化背景方面比较能够融入企业,然而他们本身学业繁忙,工作日程大多安排在节假日期间,流动性大,并不能保证在企业长期工作。除此之外,很多员工申请的是短期签证,企业往往刚培训好一批又要开始下一轮的新人招聘,这种劳动交易的低延续性增加了企业负担,对于移民创业企业来说是一个头疼的问题。

二、族群劣势

族群(ethnic group)在中国是一个外来词。20 世纪 60 年代以前,我国社会科学领域对此研究很少,但西方自 20 世纪 20 年代以来关于族群的研究已经广泛出现。[1] Fetahu(2014)认为,移民创业能否成功在很大程度上取决于其所处的移民网络、族群关系和族群网络,移民创业企业以族群为社会资本而建立,往往都缺少类别的合法性、认知的合法性,常被当地人认为是低端的、不可靠的,在语言融入、经营门槛

---

〔1〕 和虎.试论族群建构与文化认同[J].大连民族大学学报,2017,19(04):293-299.

等方面也都处于劣势。

（一）语言与融入劣势

语言是人与人之间进行沟通交流最便捷也最不可或缺的方式,通过语言人们传递彼此的思想情感。然而来自不同国家的人们如果各自使用自己的语言,就很难和对方进行直接的对话交流,很难明白对方的想法。即使身处同一国家说同一种语言的人,由于地区差异他们彼此之间也可能说着不同的方言。对于进入一个新环境的移民企业家来说,首先要面对的就是新的语言环境,如何习得当地语言进行沟通交流是摆在眼前的问题。Constant(2009)指出,语言知识不足,阻碍了移民进入劳动力市场和稳定就业。Vinogradov 和 Elam(2010)强调移民企业家语言能力不足可能会导致他们在发现风险、创造机会方面面临限制。Azmat 和 Fujimoto(2016)认为,移民企业家的语言水平低下是他们难以融入当地环境的一大障碍。移民企业家要想成功创业,在当地立住脚跟,势必要与当地社区的居民以及税务、消防、市场监管等政府部门进行沟通,如果彼此语言不通,移民企业家在企业的创建和后续的经营中都要付出额外的精力。语言方面的劣势在后续还可能会导致自雇移民和本地人的收入差异。Evans(1989)通过调查指出,英语水平会影响移民企业家的创业收益,英语水平较低的移民企业家创业的回报率普遍低于那些英语水平较高者。Magnus Lofstrom(2017)指出,美国一半以上没有高中文凭的个体经营移民者,其英语水平有限,这无疑是他们收入相对较低的原因之一。

移民在新的环境中不仅要转变原有的工作生活方式,还要在语言方面主动学习,努力实现再社会化。语言对移民融入而言,并不仅是一个与当地人进行沟通交流的媒介,而是更能彰显其能力的方式,可以传达自身优势,使其在工作中更具有竞争力。更进一步讲,当移民和本地人使用着同一语言时,就会在认知层面上产生趋同,在心理上更加贴近。在群体认同和群体构建过程中,共同语言的使用会不知不觉拉近彼此距离。正是由于语言的上述功能,很多学者也将其视为融入当地社会、文化身份认同的关键评判因素。

值得注意的是,这里的语言,除了自然语言,还包括与企业经营相关的专业性语言,如会计语言、制度条例语言、管理规范语言等。以会计准则为例,众所周知在世界范围内许多国家各自采用着不同类型的会计准则,因此会计语言就存在差异。比如,瑞典、荷兰、挪威等北欧国家通过会计信息关注企业利益是否得到保障;日本和德国更加强调国家观念,认为会计信息要为纳税服务;英美等国家则主要采用以私人投资为导向的会计准则,为投资者服务;中国的会计准则是采用投资者与经理人相结合的双重导向型模式。这些不完全一致的会计语言导致企业家在不同国家创业时可能无法看懂当地的财务报表。就像外国人看不懂中国人翻译出的英文一样,经过翻译并且又处在不同会计准则模式下的报表,哪怕是同一个词也有着不同的内涵,令人难以理解。对于移民企业家来说,如果仅仅依靠自己来识别这种不同环境下的语言信息已非易事,进而也很难和当地的税务、市场监管等部门打交道,难以融入当地的营商环境。

移民创业者在陌生的背景下要思考如何被认可、如何融入。在新环境下,移民常常会在就业、工资收入、社会保障和公共服务等诸多方面受到歧视,难以获得安全感和归属感,社交范围也普遍局限在来自同一地区的移民群体。但是移民也是社会意义上的人,也有社交、自尊和被他人尊重的需要,面对文化碰撞也难免感到紧张焦虑、融入困难。有些移民创业者接受了良好的教育,专业知识强,对于自己的价值观非常坚定,但是以高自我之态也难以融入新的环境。比如,海归受过良好教育,知识渊博、价值观强,对于西方简单直接的交流方式比较适应,但回中国后可能一时不太适应国内社会的寒暄、客套,无法理解"言外之意",有时就会无法顺利开展创业活动。

对于移民企业家来说,如果能克服网络关系薄弱造成的信息孤岛和学习瓶颈,就能帮助企业融入新环境,这在很大程度上也会带动企业的发展,但是如果融合做得不好,就可能转化为冲突。我们相信在未来,社会意义上的融合将变得越来越重要。

（二）行业门槛和经营限制

我们注意到移民创业企业大部分仍聚集于传统行业,如零售业（包括蔬菜水果摊、食杂店和便利店等）、简单服务业（包括唐人街的小餐馆）和劳动密集型制造业（包括服装厂、玩具制造厂等）。Heinonen等（2007）在关于芬兰移民创业群体与本地人创业的对比中发现,移民创业多选择杂货店、书报亭、餐饮店、外卖店等。事实上这是移民企业家迫于压力的选择。Chaganti 和 Greene（2002）研究发现,移民创业者选择进入传统行业的主要原因是,这些行业的进入门槛比较低。Rezaei 和 Goli（2009）的实证研究认为,移民创业的首要选择是时效快、收益稳定的传统行业,但这往往是由于移民企业家受限于创业资本,在融资方面比较困难。由此就引出了我们本节想要讨论的内容——行业门槛和经营限制。

行业发展到一定程度,通常都会制定自己的标准或规范,这些行业内共享的规则会保护本行业或特定群体的利益,并在一定程度上阻碍后来者加入该行业。对于创业者来说,要想在一个行业立足,首先就要迈过经营门槛。以我国建筑业为例,2019 年我国建筑业企业总计约有 8 万家,但是其中仅中国建筑、中国中铁、中国铁建、中国交建、中国电建、中国中冶这 6 个大型建筑国企的市场份额在 2019 年第一季度就达到了 35.4%[1],给建筑行业的其他企业带来了很大的压力。目前建筑行业市场竞争激烈,在工程分包、劳动保障、用工规格、企业资质等方面存在着门槛。创业者若要进入这一领域,除了受限于较高的资本投入,还要面对细分市场垄断带来的挑战。如今建筑业的细分市场一目

〔1〕 中铁四局集团管理研究院.2019 年中国建筑业发展形势分析[J].建筑市场与招标投标,2019(04):22-29.

了然,从起重、吊装、挖掘机等机械设备到木工、泥工、水电工等人工行业都有单独的协会组织,这无疑给后来者的加入提升了门槛,增加了创业的成本。

此外,行业内部可能还有一些概念、分类、表达,都会成为新进入者面临的门槛,比如一些从业证书、经营资质的审核、认证标准等,有时候是行业内部自发设置的门槛。新创业者必须考虑如何迎合或绕过这些门槛而进入该行业。在建筑行业中"资质"一词常常被提起,根据《建筑业企业资质管理规定》(中华人民共和国建设部令第87号),建筑业企业应当按照其注册资本、净资产、专业技术人员、技术装备和建设工程竣工成果等资格条件申请资质,经审查合格并取得相应等级的资质证书后,方可在其资质等级许可的范围内从事建筑活动。这就导致拥有资质的企业可以参与项目投标,而无资质企业常常为了利益最大化不愿意花费大量精力、时间、财力去申办施工资质,转而选择以挂靠(借用资质)的方式通过向挂靠单位交纳管理费获得工程。挂靠没有法律保障本来就是不合法的存在,选择挂靠的同时就选择了风险,获取不合法收入和承担风险是双向的,二者是不可分割的。当企业迫于行业门槛投机取巧、另辟蹊径时,往往有可能走入另一个危险的境地,给企业经营发展带来风险。

就移民企业家来说,尽管他在其母国可能是行业精英,拥有强大的社会资源和显赫的社会地位,跻身于高技术含量行业,然而由于移民国对移民身份和就业的限制、语言融入障碍等原因,移民企业家很难加入高科技新兴行业进行创业。此外由于受到资本、知识和技术等较高的准入限制,移民企业家创业也不大可能进入规模经济集中和成本高昂的领域,如工业制造领域,而只能选择规模经济程度较低的市场,如出租车和餐饮行业。因资源有限和缺乏相应的商业经历,移民企业家也不得不进入被当地人放弃的低回报、重体力等劳动密集型行业和领域。笔者曾经和一名在欧洲开办工厂的企业家沟通,他表示,欧洲标准越来越严格,为了达到要求企业不得不在产品质量把控上投入大量成本,对临出厂产品来回地进行筛选抽查,与此同时,客户在各种资质认证上又多有要求,从必须具备生产资质、消防用电资质、用水安全资质等,到不允许员工加班、不允许给工人计件结算工资等,企业面临的要求五花八门。这位企业家抱怨道,自己经营的企业恰恰是劳动密集型,需要大量的劳动力加班加点,仅是不允许员工加班、不允许给工人计件结算工资就很令他为难。更不用说其他烦琐的资质认证和经营限制,这些已经给他带来了严重的经营困扰。

三、经营环境认知不足

一个企业的发展过程就好比植物的生长,从一粒"种子"开始萌芽到逐渐成长壮大,它赖以生存的生长介质等环境因素就在其中发挥着重要作用。因而移民企业家在创业过程中对经营环境的认知在很大程度上影响着企业的生存发展。

经营环境是影响企业生产经营管理的重要外部条件,可以从多个角度对其进行分类:根据构成要素的不同可以分为经济环境、政治法律环境、社会文化环境以及自然环境等;根据要素的有形无形可以分为有形的环境要素(如基础设施、交通条件等)和无形的环境要素(如法律、经济、文化环境等)。在本节,我们只对市场政策环境、制度环境、文化环境作阐述。

导致创业者对经营环境认知不足的原因主要来自两个方面:一是创业者心智模式局限;二是创业者环境扫描缺失或不足。

(一)创业者心智模式局限

心智模式这个术语来自心理学的学科领域。早在 20 世纪 40 年代,心理学家 Kenneth Crai 就已经提出心智能将现实构建成一个"小模型",以描述系统的行为,并给出解释,甚至做出进一步的预测。简单地说,心智模式是个体通过认知、辨别和评价而形成的一种相对固定的认知方式和行为习惯。在此基础上,很多学者对创业者心智模式展开了研究。葛卫芬(2008)认为,创业者心智模式是指创业者在创业过程中对于客观世界的主观感受和分析,是创业者基于习惯经验形成的特有的思维方式。Chu 和 Spires(2003)认为,创业者的心智模式会影响创业者做出的决策进而影响企业的绩效表现。吴子稳(2007)提出创业者对于自身能力的评估、对市场的洞察力,以及个人的经验信念都影响着创业者的价值观念和公司发展战略,并认为创业者对环境和市场了解越多,对企业的长期发展就越有信心,这对企业长期目标的实现起着重要作用。

学者们在认识到心智模式在创业者创业过程中的作用的同时,也认识到心智模式局限对于创业者的阻碍。当创业者的心智模式和外部环境协调时,对创业者有着激励作用,相反可能会成为创业者经营过程中的一个巨大障碍。李迎(2015)通过探讨创业者心智模式对决策能力的影响,提出企业家个人心智的缺陷会对企业发展带来风险。在现实生活中,个人获得的信息并不完全,人们倾向于相信自己认知范围内的信息。创业者也是如此,往往无意识地走入其中坐井观天、一叶障目。一些企业家会比较信赖亲戚朋友等熟悉的群体提供的信息,不分辨其中的真实性、可靠性,对于陌生来源的信息则持怀疑态度。有的企业家更偏爱正面消息,对于员工或者市场反馈的负面消息接受程度较低。

在创业过程中很多创业者只了解一部分的经营环境,或只看到了创业机会的一些方面,并不了解全局,或对大的环境和趋势并不了解。往往大企业的掌门人非常关心国家政策,甚至国际局势,而小企业的创业者却对国家政策疏于学习了解,殊不知政策变动对于企业经营发展至关重要。以沃特玛为例,我们知道其所在的新能源汽车市场严重依赖于政府对新能源汽车的补贴。2016 年,我国政府出台的新能源补贴政策明确将能源电池密度与补贴金额挂钩,这使得新能源汽车的主流产品开始转向密度高的三锂电池。宁德时代正是乘着这股东风,超过比亚迪,成为最大受益者。反观沃特玛,仍紧抱着碳酸铁锂技术不放,不顾政策的变化、市场形势的改变,坚持原有的技术路线,最终在2019年被法院裁定受理破产清算。

此外还有一些认知能力、学习能力有限的创业者以及企业规模尚未成长起来的创业者,他们对周围环境的认知不足,往往只能看到静态的环境,没有行业周期的概念,在做投资决策时可能会追高。而实际上投资和收益之间往往有滞后效应,这就使得创业者不能准确把握行业动态,盲目追高,最终导致产品滞销。除了产品和行业周期,其实还有政策周期因素。大部分对环境认知不足的创业者,都是根据自身经验和看到的周围人的经验做创业决策。比如,当下奶茶很受中国年轻人的喜爱,可是市场上奶茶店却常常是开一家倒一家。究其原因,很多店家是在"追风"经营,看到市场的火爆,周围人的盈利,便盲目决定加入这个行业,对于成本、行业动态、消费者心理等都没有调查清楚。实际上,在决策过程中,若环境发生变化,创业者应该根据环境做些调整,否则,就很容易陷入困境当中去。很多移民创业者也常常犯这样的错误,在最初的创业路径上非常依赖家族成员间的合作,依赖亲戚朋友之间的信息交流,低成本地复制他人的创业模式,招致了创业风险。这些都是创业者心智模式局限给其个人甚至企业创立、经营发展带来的障碍。

（二）环境扫描不足

关于环境扫描行为的研究始于20世纪60年代。环境扫描被定义为收集和使用有关事件、趋势和外部环境关系的信息的行为,这项活动被用来帮助企业家满足信息需求,优化信息搜索,解决企业家的信息困境。环境扫描是战略管理中的一个基本主题,已被确定为许多组织活动中一个不可或缺的组成部分。对于移民企业家而言,如果能频繁而且有质量地进行环境扫描,并根据环境的变化迅速做出调整,就会更容易实现创业目标;反之,忽视环境扫描,缺乏对新环境的审查把握,盲目地进行创业决策就会给创业带来极大的风险。在这里我们以市场政策环境、制度环境、文化环境加以说明。

移民企业家在创业的过程中要不断审视环境,把握市场和政策环境的变化及趋势,比如利率等金融政策、创业优惠措施等制度政策、国家主导或扶持的产业方向、主要原材料或生产资料价格的变化,这些都跟企业经营密不可分。在这其中仅就创业优惠政策而言,我们可以看到我国很多地区对海归创业提供了高额的创业补助,但要注意到这些政策基本都设置了申请条件,规定了补贴的重点领域(比如信息技术、新材料、新能源、生物医药等),有的地区还特别列出了本地区重点鼓励和优先发展的产业。这就要求创业者在创业前要对相关政策进行了解,把握自身的优势,并结合相关的金融政策、优惠措施、产业方向等进行综合思考。

在制度环境方面,企业家应对意向创业地区的制度环境进行有质量的扫描。如果当地政府管理效率较低,政策不透明,不能很好地实现公平原则,往往会给企业带来较高的制度成本。Baumol(2007)认为,过高的税收、过多的政府干预、过于烦琐复杂的法律规定和低效率的行政运行都会影响企业家精神,甚至导致企业家进行非生产性投机,比如寻租。Cull(2005)认为,不良的产权环境使私营企业难以筹集资金,而且即使有贷款,企业家再投资的意愿也较小。制度环境对企业的影响并不是一时的而是长期的,尤其对新创企业而言这种影响效果可能更加突出。如果移民企业家选择了对他们不利的制度环境,那么在后续的经营过程中就不可避免地要花费大量的时间和精力从事公关等非生产性活动,实际上增加了企业的交易成本。还有学者提出,不完善的制度环境会加大社会网络关系对于开创企业的影响,企业家在这种环境之下不得不充分运用当下的关系,努力打开新局面(贺小刚,2019)。这就意味着创业者如果在制度环境不完善的环境下创业,就要充分利用"熟人关系",进行关系营销,而这点在海归移民创业障碍中常常会被提起,在接下来的制度环境与障碍因素分析中,我们还会对此做进一步的讨论。

社会文化环境是指社会构造、信仰价值观念、民族特性、文化信仰、历史传统、人口规模和地域分布等的形成和变化。每一个企业从开始创立到发展壮大乃至最后的消失都置身于大的文化环境之中，无时无刻不受到其影响。因此企业应充分地了解自身所处的文化环境，熟悉其构造组成，利用市场中消费者的行为习惯，决定相应的发展方向。企业家还应当注意避免触碰文化环境中的不利因素。我们知道文化环境中包含了很多因素，如风俗习惯、宗教信仰、价值观念、消费习惯等。就宗教信仰而言，不同的宗教群体有自己独特的习俗，也有着本群体特殊的禁忌。当企业家在接触有着不同宗教信仰的消费群体时应充分了解这类消费者的禁忌和习惯，比如在穆斯林地区经营餐馆时要注意食材的选择，也不要与不同信仰的顾客在政治宗教方面进行辩论。企业家应当保持对于环境的敏锐度，善于从环境中获取信息，避免冲突，以促进企业发展。

四、移民创业企业的跨文化沟通障碍

文化是一个群体成员共有的心理过程，它将人们置于特定的思维、感觉和行为方式中，并将他们与其他群体区分开来（Hofstede，1980）。人类学家 Klukhohm 和 Strodtbeck（1961）认为，不同文化背景的人在不同问题上产生的想法并不一致，比如对自我的看法、对他人的看法、对空间和时间的认知，不同文化背景的人有自己独特的价值观，彼此进行交流时自然面临着跨文化沟通的障碍。

（一）价值偏好的放大与误解

价值观是文化的核心，它在文化的每个领域都有体现。简单来说，我们可以将其理解为人们对事物进行评价的规范标准，是个体都存在的价值观念，也是文化中的稳定因素和最深层的部分。当我们谈论跨文化沟通障碍时，不可避免地要对价值观也就是价值偏好被放大和误解的现象进行测量比较。

在新的环境中,创业者对自己原来的价值框架会有更高的认同,更突显自己主张的东西。不同文化背景下的人最看重的品质是不同的。移民创业者在和当地或其他地区的企业管理者合作的过程中,可能会因为彼此对事物的某些方面的重视程度不同而产生分歧或沟通障碍。比如,有些人在意诚信,不愿意同没有诚信的人合作;有些人在意守时,迟到或拖延会让他们难以忍受;有些人则在意产品质量,看起来有些吹毛求疵。这些价值偏好可能给移民创业者带来阻碍,是跨文化沟通障碍的一个方面。创业者往往特别关注自己认同、偏好的价值,比如效率和安全,这些都是关涉企业经营、产品设计和与利益相关者沟通的重点。

我们以中国和泰国为例。中泰两国有着源远流长的交往历史,文化相互渗透、相互影响。然而,由于不同的历史、气候、地理环境等因素,两国文化间的差异客观存在,导致了两国在工作文化和价值取向上的巨大差异。在中国,就业压力大,劳动力市场竞争激烈,员工是否踏实刻苦,是否愿意出差加班都在企业评价员工的范围之内,长期表现不好的员工会遭到企业的辞退。而泰国人口相对较少,劳动力市场竞争并不是特别激烈,就业压力也相对小很多,再加上受佛教在泰国广泛转播的影响,社会环境不鼓励竞争,泰国人自己往往专注享受和满足现状,没有太大的野心,工作比较随意。泰国人普遍在意的是这份工作给自己生活舒适度的改善,比较注重生活质量,对工作之余的活动特别热爱,有时甚至在发了工资后一段时间不来上班直到钱花完为止。因此设身处地,如果你是一位在泰国创业的中国企业家,你在招聘员工组建公司时会不会慎重考虑这些因素?会不会更倾向于招聘和自己价值观相似的员工以避免日后可能产生的沟通障碍和成本?

一般来说,我们可以在语言或非语言行为的模式中发现一些文化价值。在跨文化对话的过程中,如果不了解对方的价值观,就可能会导致由文化差异造成的文化冲突。例如,中国汉文化教导人们要谦虚,面对别人的赞美要说"哪里哪里""没有没有",而西方文化教导人们要快乐地接受别人对自己的赞美,这也表示对别人的感谢和认可。如果在面对西方人的赞扬时自我贬低,就有可能招致别人的误解,产生隔阂。文化差异使人们形成了不同的价值观和思维模式,使人们观察事物的角度产生偏离,必然会影响到对事物的理解,而解读和理解差异直接影响到沟通的进展,产生误解就会导致冲突。在跨文化沟通中,由于参与者来自不同国家,其文化背景存在着明显的差异。来自不同文化背景的人对同一件事的态度可能不同,甚至他们对同一句子乃至同一动作都可能会产生不同的看法,造成彼此的误解矛盾。比如,中国人见面习惯会问上一句:"你去哪儿?"在美国,彼此之间打招呼会说:"Hello!"前者打招呼的方式在后者眼里是干涉隐私的表现,但这实际上并不意味着提问者想就"去哪儿"这个问题进行深入地了解。在管理学中也有一个经典有趣的案例可以对此进行说明。一位美国经理问瑞典员工一项任务多久能完成,瑞典员工并没做过类似工作,他估计需要15天,就跟老板说15天能完成。但着手做起来以后,他才发现任务比他想象得更困难,他加班加点干了16天完工了,但经理并没有表扬他,反而质疑他没有按时完成工作。瑞典员工也没有解释,第二天就递交了辞呈。这就是文化障碍,瑞典员工习惯于命令式管理,而且时间节点意识不强;美国经理强调员工自我管理,重视承诺的兑现和守时。管理层和员工二者缺乏沟通导致企业内部交流途径不畅通,这样长期下去会对企业的长久发展产生影响。

（二）社会群体冲突的解决途径

社会群体冲突是指群体之间公开的对抗行为和相互干涉对方活动的行为。移民群体和当地人之间由于语言、宗教、习俗的不同,常常会产生矛盾,有时甚至产生不可调和的矛盾。很多时候移民会受到当地居民或企业的排挤,尤其是当国家之间政治关系紧张、宗教信仰不同、文化差异很大、业务竞争比较激烈的时候。这些是移民创业者个体很难解决的问题。

我们认为可以从以下几点分析移民可能面临的社会冲突：首先，移民和当地人之间存在着天然的鸿沟，比如文化习俗、政治观点、宗教信仰，而这些都是根植于群体中很难改变的因素。放眼全球我们可以看到，在比利时有大批民众上街游行抗议政府签署《全球移民协议》；在迈阿密来自古巴和海地的移民摩擦不断；法国移民社区暴力冲突不休，治安问题屡屡出现；在洛杉矶非洲裔群体与韩裔群体之间的冲突至今未能平息。

其次，移民和当地人之间往往会产生竞争，而当地的各种资源是有限的，彼此之间为了争夺资源很容易产生矛盾。在劳动力市场，移民劳工的涌入不可避免地会夺取有限的工作岗位，影响到当地人的经济状况。很多移民自身受教育程度有限，来到新的环境后难以立即找到匹配、合适的工作，往往就会选择接受较低薪资水平的工作，造成了一种群体性的低廉劳动力价格，对于一些移民集中的行业（如餐饮、服饰制造、小商品加工等）中的从业者产生不利影响，迫使当地人不得不接受相似的雇佣条件，从而引发他们的不满。而当移民想要自己创业，进入当地市场过程中不免要对当地企业产生影响。张一力（2016）提出移民创业企业在嵌入当地行业市场时有两种形式，即替代性嵌入与延展性嵌入。当移民企业与当地产业中的边缘企业相比拥有更低的经营管理成本时，边缘企业只能选择主动或被动退出，移民企业进而借此嵌入留下的位置空洞，代替原有当地企业的经营地位，这对于那些扎根于此的当地企业来说是难以接受的。此外，随着行业分工日益细化，越来越多的差异化需求出现，比起本地企业很多移民企业更愿意主动出击开发新产品、新技术，寻找进入行业的突破口，这种延展性质的嵌入使得当地企业在细分市场上失去优势，失去了拓展新用户的可能，损害了他们的利益。

最后，这种冲突有时也可能源自移民企业家自身的问题。我们注意到，一些移民创业企业在开始创建时由于劳动力不足，技术资源有限,往往可能会放松对自己的监管要求,在产品的质量上疏于管理。此外,有的企业规模小且组织机构不健全,对于自身管理不严格,偷税、漏税、非法雇佣黑工、压低工人工资的现象也有存在,影响到了企业的口碑,严重者影响到当地行业的声誉,引起当地企业的不满。以意大利服装市场上的温州华人企业和当地企业为例,双方之间的冲突一直在持续,华人企业在制作工艺上与当地企业十分接近,生产出的产品也非常相似,为了争夺客户,华人企业常常选择降价出售、恶性竞争,有的甚至无照经营,只为加班加点赚取利益,这种做法破坏了市场交易规则,引起当地企业极大的不满。

冲突并不可怕,思考如何避免以及解决冲突才是当务之急。移民创业者应努力克服语言差异,熟悉当地的风俗习惯,与当地人多多进行沟通交流,融入当地的社会文化生活中去。尊重当地的宗教信仰,避免触碰他人的宗教信仰禁区,减少不必要的文化冲突。思考如何在产品和服务上本土化,将企业文化与当地的文化模式融合。在企业的发展中也要与社区进行沟通,努力承担起相应的社会责任,努力融入当地社交网络,在社区活动或产业经济发展上做出贡献,减少当地社会对移民创业企业的危机情绪。同时还要注意约束自身行为,加强组织机构管理,注意对产品质量的把控,与当地的企业开展公平竞争,共同促进地区产业的进步,互利共赢共谋发展。

(三)社会分类机制与合法性障碍

在讨论社会分类机制和合法性障碍之前,让我们先明确以下这两个概念。社会分类是一个主观过程,在这个过程中,个体根据共享的相似性将其他人划分为不同的群体(Dovidio,Gaertner,2010)。合法性是组织权力和组织结构的基础和前提,而信仰认同是组织秩序合理性的源泉(Weber,1968)。Suchman(1995)将合法性看作一种社会认知或假设,它存在于一个拥有规范、信仰和价值的社会系统中,其中一个实体的行为被其他社会行为者认为是正确、适当和可取的,因此,合法性是一种对社会成员的价值判断和评价。Suchman 的解释是当前合法性研究中被引用较多的一种。

很多时候，误会、冲突，以及对事物的区别对待，都来自我们对事物的认识。比如，通过语言、肤色、出生地、种族对人进行类别划分，这些分类都是在社会环境下形成的。这种社会认知机制会对移民创业群体进行分类，这就是社会分类机制。移民创业企业被分到哪一类，就具备了该类别的类别合法性，而这种被划分的类别往往缺乏足够的合法性。在与当地企业的竞争中，由于移民创业企业往往被归于低端一类，即便愿意提供质优价廉的服务，消费者或高端消费者更愿意选择有一定声望的本土企业。在行业的选择上，由于类别合法性缺失的移民创业企业往往更难以被大众认可。比如，大部分法国餐厅、意大利餐厅都给人一种高大上的印象，而墨西哥餐馆通常都跟低价和食物单调相关联。所以，移民创业者很难在这种环境中开一家高档墨西哥餐厅。就移民企业家而言，一旦消费者将其分类为低端一类，以歧视的眼光看待这些创业者，可想而知他们对于移民企业家所开创的企业也必然带有有色眼镜，不愿意消费这些企业的产品与服务。可见不同的社会分类，直接影响了消费者对该企业的认知和接纳程度。而当一些移民创业企业有负面信息或丑闻传出来时，合法性障碍会更加突出。在这里就要提到基于组织合法性的损失外溢假说。这种观点认为，损失外溢的机制以组织合法性为中介变量。一个组织从诞生起就嵌入在制度环境之中。组织要获得生存机会就必须得到制度环境的接纳，要获得法规、规范和认知等多重维度的合法性。如果组织的不当行为不符合制度环境的要求，其合法性就受损或缺失，从而影响其资源获取甚至是生存。如同得出"天下乌鸦一般黑"的结论，大众在得知一个公司丑闻时，会将个体组织的负面行为泛推为一个组织类别的普遍行为倾向或特征。合法性外溢的观点认为，相同类别的组织面临着本质相同的制度环境约束，其行为模式或倾向也自然趋同。由此我们可以看出，在移民创业企业中，如果一个企业出现了负面信息，那么当地人很容易对整个移民创业群体产生不良的感受,严重者甚至可能引发抵触情绪。

五、移民创业企业的融资困难

资金对于任何企业,特别是对于新建企业以及那些寻求投资和增长的企业来说都非常重要。资金是支持中小企业的关键,而融资困难是包括移民企业在内的广大中小企业在创建和发展过程中所遇到的普遍问题。缺乏充足的资金是创立和发展企业的主要障碍。

(一)金融体系的过滤机制

金融体系是资金流动的框架,在这个体系中金融资产是资本流动的工具,它和市场以及市场上的广大参与者一起组成完整的金融体系。具体来讲,这一体系包含银行、风险投资公司、小贷微贷机构等。同时,政府监管也被视为金融体系中不可分割的重要组成部分。而本节谈到的金融体系过滤机制,是指金融机构通常愿意贷款给有一定资质的企业。在现实中,新创企业一般受限于金融体系的过滤机制,很难得到贷款。

移民企业家往往很难从银行获得金融贷款。从筛选机制上来讲,银行设定的审核条件非常严格,在贷款前会对客户进行审查,这里的审查范围包括企业自身的资产规模、流动资金、有效抵押等。通常银行都是先考察房产抵押情况,有房产抵押意味着风险比较低,银行会将有房产抵押的客户定义为优质客户,视客户(企业)经营状况而定,客户能贷到金额为房产价值的八九成。此外对于企业在整个市场上的竞争实力、目前的经营风险、今后的发展前景,银行也会进行考量,考量的方法主要有拉流水、看征信和到实地走访调查,有的客户经理还会通过自己的人脉关系网络,根据已掌握的各种评价信息、借款人的行为习惯、相关嗜好、他人口碑等对借款人风险情况进行充分细致的调查分析。此外银行的贷款环节也非常烦琐,客户和银行需要当面多次进行对接,手续复杂,贷款审批时间也比较长。经过这些严格而冗长的审查、审批流程,许多有贷款意愿的企业家被筛除了贷款资格。

如果转而向风险投资公司(以下简称风投公司)寻求投资,情况会怎样呢?风投公司在提供贷款前会对有申请投资意向的公司进行审查,这些审查包括公司资质、盈利情况、运营范围等,当然最重要的是审查创业计划和创业项目。风投公司往往格外看中公司创业计划的可行性,评估可能带来的回报。风投公司的这种模式对于公司的技术市场潜力以及管理能力要求较高,如果创业者对于未来的发展规划模糊,没有强劲的技术实力支撑,很难通过风投公司的筛选。

现在普遍认为从小贷微贷公司贷款更加方便,流程不像从银行贷款那样复杂。当然,小贷微贷公司也有自己的审核机制,一般在提供贷款前,这些公司的信贷部门就要对借款企业的公司资质、借款用途等进行审核评估,还要进行实地走访,现场摸查企业的经营情况和财务能力。即使在放款后,小贷微贷公司也不会放松警惕,还会多次检查项目的现金流入流出情况以确保资金用途。值得注意的是,企业如果在没有抵押物的情况下向小贷微贷公司贷款,利息往往会高于银行,这会加重企业家的负担。

政府可能也有一部分资金专款专用,专门用于扶持某种类型的创业,比如我国的海归创业。在这过程中政府相关部门会对申请补助的企业进行资质审核,而且补贴政策基本都设置了申请条件,规定了补贴的重点领域。

(二)群体性融资成本差异

资本所有权和使用权并不总是处在同一方手中。在现实生活中,企业家往往由于生产活动的需要在资本上有所需求。为了获得资本,企业家常常会向资本所有者支付一定的成本,这里的成本就是融资成本。比如,委托金融机构发行股票而支付的注册费和代理费,发行股票后向股东支付的股息以及从银行贷款时支付的手续费、借款的利息等。

群体与群体之间存在着融资成本的差异，如，国有企业与民营企业的融资成本存在差异，中小企业与大型企业的融资成本存在差异。在现实生活中常有民营企业为了获取融资便利降低融资成本，"挂靠"在国有企业之下，这样一番操作之后融资成本至少降低 3%～4%。[1]

瑞典经济和区域增长研究院（The Swedish Agency for Economic and Regional Growth）发现，在瑞典，外国出生的小企业主被拒绝贷款和信贷的可能性是本国同行的 2 倍，外国移民获得信贷的可能性更小，在外国出生的小企业主只有 29% 的申请成功率，而本国人的概率则达到了 40%。因为外国移民在本地的社交网络有局限，或者因为移民时间短、动产和不动产购置较少，在银行等机构的信用记录匮乏，所以往往很难获得贷款。群体和群体之间存在着明显的融资成本差异，移民创业企业相对于本地企业来说处于弱势。我们认为导致这种现象出现的主要原因是信息不对称，即交易的一方拥有相关信息而另一方没有，或者一方比另一方拥有更多相关信息，从而对信息弱势群体的决策产生负面影响。与大型企业相比，移民初创企业规模普遍较小，信用登记、评估信息不全面，银行也受限于监管机制难以了解和掌握更多真实信息。还有一些中小企业起步低，对于自身的管理漏洞视而不见，采取虚构伪造等手段骗取银行和税务机关的信任。此外与本地企业相比，移民创业企业在当地立足时间短，被大众了解的程度较低，在市场上缺乏声誉，往往也很难得到认可和信任。

六、本章回顾

经过上述分析，我们发现移民企业家面临着许多创业障碍。在劳动力市场上他们往往很难获得劳动力资源，可能还会遇到劳动力成本

---

〔1〕 李玉敏.企业主自述：为何戴上"红帽子"？挂靠央企后，融资成本至少降 3～4 个百分点[EB/OL].（2020-06-20）[2020-08-17]. http://www.21jingji.com/2020/6-20/4 NMDEzODBfMTU 2OTU4NA.html.

高、劳动交易延续性难以保障等困难。移民企业家自身又存在着语言融入劣势，想要进入行业也需要努力突破经营门槛和行业限制。此外，对经营环境的认知不足和跨文化沟通障碍也困扰着移民企业家。对于移民创业企业普遍存在的融资困难，我们从金融体系的过滤机制和群体性融资成本差异两方面进行了简单介绍，希望对今后的研究有所帮助。

第六章　我国移民创业的分类及特征

在前面的章节中,我们介绍了移民创业的概念、相关理论,并从个体层面和社会层面分析了移民创业的动因,以及移民在创业中可能遇到的障碍。本章主要是结合我国实际,综合上述理论来具体分析我国四种典例的移民创业:海归移民创业、三峡库区移民创业、城市移民创业、返乡创业。

一、海归移民创业

近些年来,中国社会经济迅猛发展,对人才回国产生一定拉力,加速出国留学生回流。在 2008 年至 2018 年这 10 年间,学成归国的留学生数量比重大幅增长,从 30.5% 上升至 85%。

在 2019 年 12 月 19 日,全球化智库和智联招聘联合发布了《2019 中国海归就业创业调查报告》(以下简称《创业报告》)。该研究报告称,在 2019 年度,海归选择回国发展的最主要原因是与家人、朋友团聚更为方便,该比例高达 60%,这意味着超过一半的海归选择回国发展是个人情感方面的原因;其次是因为国内经济发展形势较好,这种占比达 42%,这也是个很高的比例,意味着国内经济的高速发展对海归回国创业起到了一定的拉动力。与此同时,该报告还统计出,受访海归事业发展的主流目标是在国内就业,比例高达 61%;选择在国内自主创业的占 5%。图 6-1 可见,海归回国选择自主创业的比例并不是很高,对此需就其回国创业的动因、存在的障碍、具备的优势一一做分析。

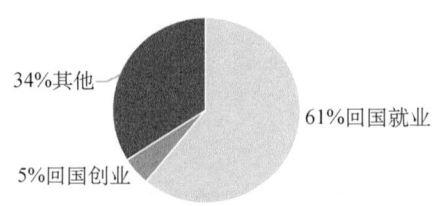

图 6-1　海归回国就业/创业比例

(一) 海归群体创业动因分析

海归企业家的定义是在国外学习或工作至少 2 年,然后返回其本国创办新企业的当地人。他们代表着一种独特的企业家形式,既接触原籍国也接触移民国,并在企业家精神研究中受到越来越多的关注。

海归创业的动因与决策过程受到个体、政治、经济等多种因素影响。Cassarino(2004)提出海归归国创业决策理论模型,如图 6-2 所示,这个模型是从跨国主义和社会网络理论视角,结合社会与制度环境和归国资源来分析海归移民创业决策的动因。该模型中,核心要素是海归归国准备程度是否充分,还有海归所拥有的资源是否具有流动性。归国准备主要包括归国意愿、海外经历和资源以及对国内环境的了解程度等内容。资源流动主要指的是海归在海外期间对移民国和原籍国的各类资源的利用情况,包括对社会资本、有形资源和无形资源(如合同、关系、技能、熟人等)的利用情况。通过这个模型可以看出,海归创业主要是受归国准备及资源流动的双向影响。假设海归本质上就愿意回国创业,并且掌握的有形、无形资源和社会资本可以流动转移,那么他回国创业的可能性会更大,会具有比较充分的回国动机。

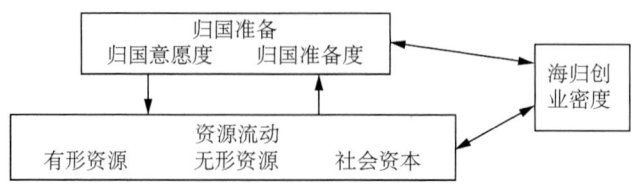

图 6-2　海归归国创业决策理论模型

以上是从海归回国创业决策理论模型来分析海归是否具备创业的动机,下面从宏观环境和海归个人角度来分析一下海归群体回国创业的动因。

1. 宏观层面的动因

从宏观环境上来说,近年来由于我国社会经济飞速发展,复合型人才受到国内企业欢迎,政府对留学回国人才也制定了优惠的政策,比如落户政策、人才补贴等,这促使了留学在外的人更愿意回国。在创业方面,国家也给予了一定支持,比如申请无息贷款、创业企业减免一定税负等。

例如,在北京,海归来京创业、工作不会受到居住地的限制,而是可以长期生活或工作于此,并可以随时出入;北京市政府还特别为取得较大经济成就的优秀的归国留学人士颁发"北京市留学人员创业奖",提供"归国留学人员创业专项资金"。在上海,根据《上海市留学人员浦江人才计划管理办法》,回到上海创业的留学生可以获得最高 50 万元的财政资助资金,而浦东新区还额外提供 15 万元的"浦东新区创业资金"贷款免息政策。在大连,凡是设立在留学生创业中心的企业,可享受场地减免租金每平方米 50～80 元的优惠政策,海外归国人员设立的软件企业如属于政府重点补助领域,还可以在税收上得到多项优惠补助。在珠海,进入珠海市留学生创业园区的所有企业都免除 3 年的场地租金,财政和税收部门会给予大力支持,同时在 IT、BT 等高科技行业给予引导鼓励。我国对海归回国创业的政策扶持,可以体现出我国对海归回国创业具备利好的宏观大环境。

2. 个体层面的动因

1) 个体特征

通过大量的研究,学界定义了一组企业家决定因素和动机,分为外部制约因素和内部动机。外部制约因素包括对工作场所的不满、找工作的困难、低工资、缺乏工作时间的灵活性;内部动机包括对独立性的渴望、自我自尊、寻求更多机会。国外学者早期研究发现,"成为我自己的老板"和"增加我的收入"是自主创业最重要的动机因素。海归回国创业的内部动机可能有如下几点：自主创业是实现个人价值最大化的途径之一，不受制于管理者而是自己做主，将个人的志向抱负融入企业的发展壮大之中。外部动机有如下几点：海归对国内企业文化不适应，自主创业给海归个人创造了较大的发展空间，给予个人灵活的工作方式和工作时间安排，便于享受生活，得到精神满足。

国外学者的研究也发现，对一个人的冒险精神、风险承担能力、创新能力的评价也是决定一个人是否选择创业的重要因素。一般来说，创业活动风险较高，对于创业者个人的心理素质要求也较高，没有冒险精神、惧怕风险、安于常态的个人往往不太适合开展创业。而海归在国外留学，独自应对陌生的环境，常常具有独立应对风险挑战的能力。研究表明能够独立承担风险的人更倾向于自主创业。

2）人力资本

受过良好教育的人更有可能利用创业机会，因为教育提供的信息和技能将增加他们在利用机会方面的预期回报。海归在国外留学深造，其受教育程度高，对创业起到了正面的作用。海归的语言能力、人力资本储备（教育、学历等）、合理发掘资源并利用资源的能力、团队凝聚意识、自我表达与他人沟通能力等都较强，这些在创业过程中是核心优势。此外，所受教育还为海归群体提供分析能力和通过对创业过程的理解来改善创业判断力，这些都有望提高企业的业绩。

3）经济能力

物质资本是影响海归创业的一个关键因素。一般来说，经济低迷失业率高时，移民更倾向于自主创业。就业和创业之间较高的收入差异也是影响移民转入自主创业的重要因素。

上述是从模型及理论来分析海归群体回国创业的动因，接下来笔者想分析一个身边的真实案例。我的一位朋友由于工作性质，大多数时间都是在与海归接触，在写此书前我曾问询过她怎么看待海归回国创业以及他们为什么选择回归创业，她的回答虽然不具有代表性，但具有一定的参考价值。她说,海归回国创业,就好比咱们毕业后回家乡工作似的,对于海归而言,对祖国、家乡与亲人的惦记是他们回国发展的主要原因,其次是国内蒸蒸日上的经济发展形势。这两个原因在前文全球化智库和智联招聘联合发布的《创业报告》里已经做过论述,此处不再赘述。

我的朋友曾采访过一位从加拿大回来的海归博士,他的团队主要是从事机器人数据抓取、数据挖掘技术的开发。他常年东奔西走找投资见客户,偶尔会回到海归岛(深圳市首个海归公益创业就业服务平台)办公,总是给人一种激情满满的感觉,浑身上下充斥着一股劲儿。在采访中,曾问过他为什么选择回国创业这个问题,毕竟以他的实力留在国外或者是入职大企业都不是问题。他给出的答案是:原因有很多,个人性格是基本原因,但决定性原因是当时在美国硅谷工作时,开拓了眼界,真正看到了科技是什么、创新是什么、创业是什么,被美国顶尖的科技所震撼,同时为我国科技发展与其差距之大感到恐惧。他觉得中国一定需要走这条路,没有创新创业的国家是没有前途的。当时在目睹硅谷科技的时候,他觉得走中国创业发展的道路就是使命。

从这个例子可以看出,很多海归尤其是高精尖人才,他们可以选择的路太多了,选择回来创业不是为了名和利,更不是为了几百万元的人才补贴,真的就是因为在国外学到了一技之长,目睹了国内外科技的差距,想把国外学到的技能带回国来。

(二)行业和商业模式选择特征分析

1. 海归创业的行业选择

据全球化智库和智联招聘联合发布的《创业报告》统计的受访海归创业数据(图6-3所示)我们可以看出:贸易、批发、零售、租赁业是海归回国创业的首选行业,比例高达28%;占比第二大的创业行业为服务业;文体教育、工艺美术和房地产及建筑业的占比不相上下。据该报告显示,海归在选择创业行业的时候,最注重的是家庭背景和对行业的浓厚兴趣;海归创业者在企业开办过程中对技术研发和市场开拓两个方面需求最多。报告还显示,"90后"已经渐渐成长,作为海归回国创业的主要群体登上创业舞台;具有国际视野和熟练使用外语成为海归在国内发展的重要优势。

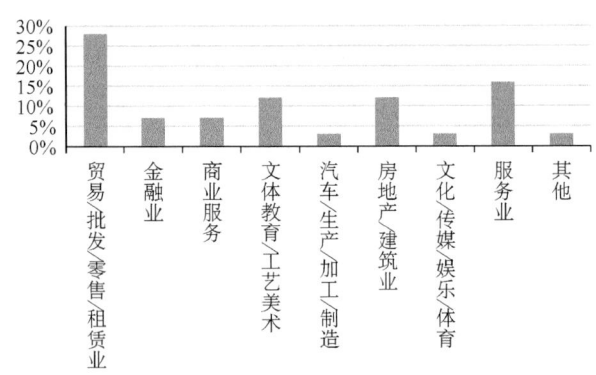

图6-3　海归创业行业比例

关于创业行业的选择,30%的创业海归考虑的是与所学专业紧密相关的行业,在国外学习的知识以及技能能够更好地得以发挥,避免才华浪费;而且,相较于另选一个新的行业,专业对口的海归对本行业的情况更了解。24%的海归选择了"主要合伙人的创业理念",创业之前,合伙人之间的理念相同是相当关键的问题,若理念产生分歧,对创业是一个不小的阻力,然而,再难也得选择最优理念。另有17%的海归选择热门行业创业,他们认为在选择创业行业的时候,肯定要考虑朝阳行业,未来机遇多,发展空间大。

前文通过数据调查,我们可以清楚地看到海归群体在什么行业创业密度更大,接下来将分析海归群体创业的商业模式选择。

2. 海归创业的商业模式选择

商业模式是组织、战略管理和创业研究的交集,被认为是增强企业竞争优势、提高企业绩效的新源泉。对于初创企业来说,生存和成长的关键战略问题在于创新商业模式的设计和实施。在时间和资源受限的情况下,创新的商业模式可以帮助创业者应对创业所面临的许多风险,即创业所面临的各种不确定性,从而提高企业的生存和成长的可能性。

海归移民创业者除了可以借由海外的经验历练构架市场网络,还可以通过将习得的海外先进的技术与市场资源相融合,并根据国内的实际情况做相应的调整,形成一种高质量的社会资本,当海归创业者掌握这种整合之后的资源,海归创业会在一定程度上更加适合中国市场。在成熟的市场经济体制下,海归移民创业者可以不断观察周边环境变化和市场发展趋势来总结经验,获得理论和实践上的进步,而如果能进一步将这些总结体会运用到中国经济转型的大环境之下,会对创业者获取利益、得到市场认可有很大的帮助。

海归移民创业通常有两种情况:一是将所学的国外先进技术带回中国,毕竟技术是创业的资本;二是复制国外的商业模式,回到国内寻找市场。海归们在创业之初必须考虑的问题是所选择的商业模式是否适合中国国情。在互联网时代,创新的商业模式往往需要与先进的核心技术紧密结合,企业的竞争力才会更强。海归创业企业的商业模式通常表现出对互联网技术的运用。例如,"365翻译"的创始人刘禹已成功将新一代电子商务模型应用于传统的中文翻译领域。该公司巧妙地运用互联网科技将翻译业务呈交给网络上的多个群体、个人,使个人能力得到发挥,企业的要求也得到满足。此外,海归创业商业模式在销售方面也不同于传统方式。例如,海归群体在批发贸易领域创业时,常常选择自己负责把控出厂产品、最终的产品质量以及后续的销售工作,将生产交由长三角地区的加工企业进行贴牌加工,这样产品直接由厂商进入销售渠道,形成远低于传统销售方式的成本优势。

(三)制度环境与障碍因素分析

企业家在创立企业和发展企业的过程中,难免会遇到许多问题,这些问题包括但不限于资金不足、管理能力有待提升、经营方向和市场路线来回变更等。

1. 制度环境变化影响

制度环境影响的研究,主要是探讨制度环境因素对海归创业者创业行为和战略选择的作用。海归创业者可能会面临从移民国到原籍国制度环境转变的劣势。一方面,东西方在制度政策上不尽相同,存在较大差异,比如,中国是人情社会,企业交易更多强调关系管理,海归创业者缺少社会资源,而西方企业交易则以市场为基础;另一方面,中国作为新兴经济体国家,与国外已经成熟稳定的经济环境相比其经济环境具有变化多、快的特点,海归虽然在教育以及海外工作经验上具有优势,但是在应对国内经济环境变化方面还是有较大困难的。

海归创业涉及的产品和技术与国外可能有关联,也相应地涉及一些制度。比如,药品研发,在国外完成的药理实验成果是否能够得到国内药品研发制度的认可?是否可以在原来的基础上继续推进?就拿我们日用的化妆品成分来说,不同国家的成分浓度要求可能不尽相同,在国外是标准浓度在国内可能就超标。又如,有些高科技创业项目,所涉及的技术并非是完整和独立的,可能需要其他相关企业的技术支持,国内是否有相关的企业对接?这些都是海归创业企业在制度变化上所不容忽视的问题。

2. 创业障碍因素

海归初创企业难免会遇到各种障碍,根据全球化智库和智联招聘联合发布的《创业报告》统计,融资困难是海归创业的最主要障碍,其次是创业服务不到位、人力成本高、行业竞争激烈等经营环境相关的障碍,如图6-4所示。下面就创业过程中最典型的障碍因素进行分析。

1)融资困难

尽管我国各级各地政府为了鼓励海外留学人员归国创业也推出了一些创业优惠政策,给予了一些资金上的扶持,但是这对于数量众多的海归创业企业来说可能是杯水车薪。

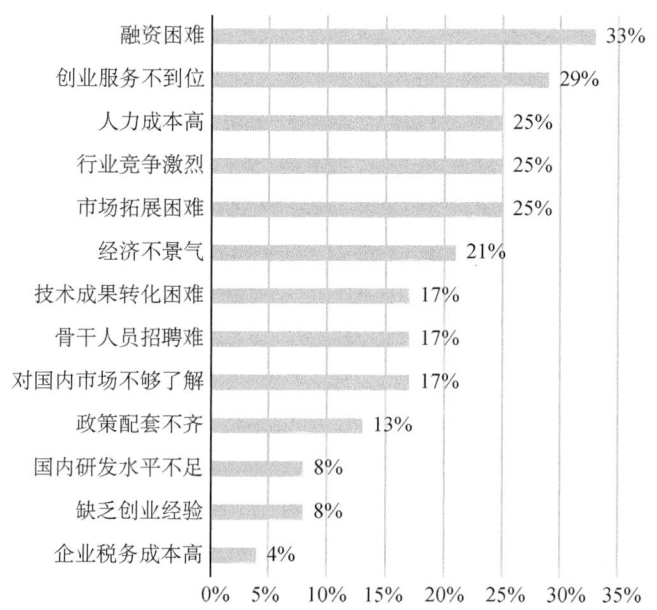

图6-4　受访海归创业者创业进程中遇到的主要困难

海归创业企业在产品研发、市场拓展、贸易方面都需要大量前期资金的支持。就首选的制造业企业而言,从采购原材料、生产设备到投入生产经费维持运转,还有打通销售渠道进行市场营销,方方面面都需要资金投入。一般来说,制造业企业由于自身特性所致,资金需求较多,在资金周转上往往也并没有那么及时,这就导致财务融资风险大,获取资金障碍多,在融资方式上以银行贷款、租赁融资为主。企业初创期面临着种种挑战,如缺乏运营和生产经验、对环境的了解有限、与供应商和客户的关系发展不充分,以及未成熟和未改进的方法和程序等,与那些成立时间较长的老牌公司相比,创业企业在获得财务资源方面遇到的麻烦较大,通过银行贷款获得债务融资对于他们来说是难度很大的。海归创业的绝大多数资金缺口是依靠非正式融资渠道加以解决的。尽管国家在扶持海归创业的融资环境治理上多有作为,但是融资政策仍不完善。目前,海归创业的融资环境整体上仍然亟待改善。

2）经营环境障碍

一些研究认为，海归群体已经与自己的祖国分隔多年了，返回祖国时可能缺乏当地网络关系，同时经营环境的改变也会成为创业企业的障碍。经营环境包括经济环境、政治法律环境、社会文化环境和自然环境等。海归回国创业面临着经营环境的重大改变，这些改变会制约企业的生存和发展。

例如，许多商业模式在国外运转非常顺畅，但来到中国之后却"水土不服"，失去其原有的效果。很多海归创业者既没有对市场做充分的调研，也不了解当地消费群体的消费习惯、消费偏好，就直接将国外的业务模式复制过来。实际上，国外畅销的商品在国内不一定受到热捧，生搬硬套只会造成企业运营的混乱。因此回国创业者最需要避免的是直接将国外的商业模式移植到中国来，而是应该在充分了解市场环境的基础上，有的放矢地学习其优秀的部分，不断形成完善自己的创业道路。

尽管海归从国外习得了先进的技术，具有全球化的发展视野，但在对国内环境了解上和本土化上往往有所欠缺。此外，海归创业企业对人才的要求较高，比如，互联网数据库开发等高新技术企业，存在行业门槛较高、人力资本高、组建团队困难等问题。这也成为海归创业企业在国内劳动力市场上面临的阻碍，对企业的发展壮大不利。

（四）国际化的启动和战略选择

一般来说，跟一般国内企业发展到相当规模再考虑国际化的情况有所不同，海归有国际化背景，海归创立的企业做国际化战略选择有得天独厚的优势。留学经历为海归带来了独特的优势，他们往往更能适应多元文化的背景，能够在国际合作上发挥特长。全球化智库研究部的一位专家认为，海归的第一优势是具有国际化的视野而不是语言。因为海归在国外的这种生活、学习经历以及与国外文化的这种交流和融入,使他们之中的一部分人已获得国际化视野,从而成为他们新的更具有竞争力的优势。

相比于国内企业,海归创业企业具有的优势之一是,企业兼具国内国外两个创业网络,海归创业者不仅可以利用国内网络获取资源,了解国内市场行情,同时可以维持着国外网络,紧跟国际发展态势。有学者研究发现,归国企业家由于其技术和商业知识以及他们的国际企业家取向,在高科技行业中的表现要优于国内企业家。经验证据还表明,海归在其网络中的社会影响力可能会跨越当前时空。

这里以广州巨杉软件开发有限公司(以下简称"巨杉数据库")为例,来阐述海归创业的国际化与战略选择。

巨杉数据库创立于 2012 年,目前它是中国境内唯一一家能够做到不依靠其他开源数据库产品开发的公司。创始人王涛高中毕业后去加拿大读大学,然后进 IBM 工作,在 IBM 工作的第七年(2012 年),他敏锐地意识到大数据行业正在渐渐兴起,尽管已经成功完成了一个新一代的分布式数据库引擎,王涛仍然想进行革命性的创新,最终他选择将技术带回国内进行创业。王涛将在国外多年的研究成果运用在新创企业中,大大降低了企业的研发成本、运营成本等。如今,巨杉数据库已经成功吸引了来自 IBM、甲骨文、百度、腾讯等众多知名科技公司的精英加入,并在国内发展得越来越好。海归创业者了解国外产品和市场,像巨杉数据库这样能够利用国内的政策优势和成本优势使产品和服务尽快成熟,就可以启动国际化。除此之外,也有一些创业企业直接在海外注册公司,将创业活动的成果直接放在海外公司,避免跨国经营所面临的制度障碍和高昂的交易成本。

二、三峡库区移民创业

为建设三峡工程,中国政府部置实施了三峡大移民,移民人数或达 140 万人。其人数之众,在当今世界可以说是首屈一指。

三峡移民主要是来自三峡库区及周边的农民。由于现行的三峡库区移民安置政策只能在一定程度上满足其最基本的物质和生活需要,在对移民的精神需求、福利保障、医疗就业等方面的关注还不够,因此越来越多的库区移民选择创业。

　　三峡库区移民的创业,主要是从事大规模或高附加值的农业生产经营、组建小企业和提供商业服务等。

　　(一)创业决策与生产适应的关系分析

　　三峡移民作为被动移民群体,并不能很快地适应移民地的就业方式,更多是选择自雇创业。

　　三峡移民文化水平不高,大多是初中以下文化水平,他们往往选择低水平、低技能的生活服务类行业创业。同时,大多数三峡移民都是农民,经济条件薄弱,并没有大量资金支持创业,因此融资困难和昂贵的融资成本也一直困扰着这些小型和微型企业的建立和发展。在不同地区金融体系的发展和完善程度存在较大的差异,移民想要获得资金支持往往并不是那么容易。很多移民所在地区金融体系不完善,无法从正规的金融渠道获得资金支持,只能向亲朋好友或者当地的同民族移民群体、非正式协会等寻求帮助,这种私人形式的筹资尽管拓宽了融资范围,但资金短缺的问题仍然困扰着大多数移民群体。对于那些收入较低、经济能力较差的移民来说,他们的社交网络也比较简单,能通过彼此的资金流动获得的收益较小。这种不利的商业环境加剧了移民企业家的资金限制,降低创业成功的可能性。

　　(二)资源特征与行业选择分析

　　在移民初期,由于移民自身素质、文化水平不高,缺乏创业所必需的人力资本、社会资本,并且移民地外来投资少,地方商业经济不发达,能够为移民提供的就业岗位也是少之又少。移民创业类型常常是生存型创业,如从事工程运输等行业创业。

在移民中期,外来流动人口开始增多,创业机会也越来越多,大量流动人口的聚集,带来更多的商业机会。移民开始利用自家住房经营小店铺,如商店、网吧、棋牌室等,或者直接出租以获取租金。

在移民企业快速成长期,三峡移民村发展迅猛,外来人口急剧增多,选择创业的三峡移民也越来越多。移民开始从事餐饮、装修等个体经营;有的移民通过前期创业积累了经验和创业资本,开始扩大创业公司规模。

在快速成长后,移民创业又开始了转型期,即在移民地经济发展良好的基础上,三峡移民充分利用政府的政策支持,使移民整体人力资本与社会资本提升,并开始从事多元化创业,除了小商店、装修公司等,开始经营连锁便利店、中介公司等。

三峡移民创业发展阶段如表 6-1 所示。

表 6-1　　　　　　　　　三峡移民创业发展阶段示意表

时期	创业类型	创业特征
移民初期	生存型创业	创业集群、灰色经营、缺乏创业技能
移民中期	经营类、生活服务类	机会型创业、学习型创业、以移民聚集地为资源的创业
移民创业快速成长期	经营类、生活服务类、建筑业	机会型创业、学习创业经营、以移民聚集地为资源的创业、雇主型创业、社会关系网络
移民创业转型期	房屋中介公司、教育培训、餐饮、外卖平台代理	雇主型创业、创业技能型、社会关系网络、个人素质提升、家庭经济基础

(三)生活方式变化与习俗的冲突

三峡库区百万移民原世代居住于河谷地带,移民主体是农民,移民社区文化以村社为主要载体。移民搬迁使原有的社区解散,社会关系网出现变化,原本聚集的家族群体被分散开来,由文化凝结成的群体优势和相互帮助的作用都有一定程度的削弱。由移民前的有限经历形成的思维惯性潜移默化地影响着移民,会与移民地原居民的习俗产生冲突。文化传统所带来的差异导致三峡库区移民与移民地原居民在文化价值观上也存在差异与冲突。移民原有生产体系被弃用,而进入新的地区又无法迅速在收入来源上予以弥补,这与现有生活方式可能会产生一定程度上的矛盾冲突。这种冲突可能来源于移民沉重的心理压力、焦虑和失落,还有原文化身份的牵制,只有通过磨合融入的方式才能解决。

三峡移民在磨合融入过程中可能会受到移民地原居民的排挤、歧视。就现状来说,他们在物质生活上已经做到了自给自足,能够适应当地生活,但是文化冲突还需要一定的时间才可磨合。

三、城市移民创业

城市移民是一种城市人口类型,表现为大量外来人口短时间内移入而形成城市,多由当代工业、商贸的集聚而形成。我国东北地区、华南沿海地区、西南工矿区有众多移民城市,代表城市有深圳、石家庄、大连、包头、攀枝花等。其中,深圳的人口绝大多数为外来人口,人数超过1 400万,是中国最大的移民城市。

自 1978 年以来,中国的经济快速增长,已从农业化经济转变为工业化和城市化的经济,促使城乡和区域间移民的空前激增。最大的移民目的地包括高度工业化和城市化的大区域,如珠三角地区、长三角地区和京津地区。

我国的城市移民主要受以下两组因素影响:

第一组因素是制度变迁和国家干预,这极大地影响了中国移民的流动性和分布。例如,我国 20 世纪 50 年代实施的户籍制度,严重限制了内部移民。后来,中央政府从沿海城市向腹地和农村地区分配了数百万技术工人和受过教育的青年。总体而言,我国 20 世纪 50 年代到70 年代,自我启动的流动性非常低,自 20 世纪 80 年代以来,各级政府逐渐放宽了对移民的控制,国内迁移和农村人口向城市迁移的现象大量增加。

第二组因素是区域经济发展不平衡和市场力量不断增强。自 20 世纪 80 年代中期以来,我国沿海地区由于区位和体制优势,其区域经济的增长速度远快于其他地区。同时,全国的农业生产水平迅速提高,导致剩余劳动力大量增加。以上原因再加上户籍制度改革,珠三角和长三角等沿海地区的快速经济增长吸引了来自欠发达腹地地区的大量移民。

以下着重分析城市移民(主要是从进城务工人员、大学生、下岗工人、有从业经验的主动创业者这几类人群的角度出发)创业动因、选择的行业、受到的资源限制以及创业城市的选择。

(一)城市移民群体创业动因分析

在第一章图 1-2 移民创业决策影响因素中我们看到,移民创业决策会受到个体层面(个体特征、人力资本、经济能力)和社会层面(家人与亲戚,朋友与熟人)等多种因素的共同影响。本节我们也从这两个层面来分析城市移民创业的动因。

1. 个体层面的动因

1) 个体特征

个体特征是区分创业者和非创业者的一项重要指标,个体特征的不同使得创业者在对信息的扫描获取上出现差异,进而使得个人对周边创业环境产生认知偏差。个体特征常常包括年龄、性别、性格、精神面貌等。

能够独立承担风险的人更倾向于自主创业,比如有过从业经验的移民创业者通常具有一定财富积累,能够承担创业投资的风险。较高的风险承受能力往往会推动创业者进行创业选择,因此有过从业经验的移民创业者更具有创业的动机。

创业者单单依靠个人闯荡拼搏,其成功率并不高,这时集体力量的发挥就显得格外重要,好的创业团队更能整合个体资源,将个人凝结在一起。与进城务工人员创业、下岗工人自主创业等相比,大学生经历了集体生活的磨练,在组织意识上更强,更能发挥团队精神。此外,对个人领导能力和组织能力评价较高的大学生在创业动机上也更加突出。

2）人力资本

通过研究发现,受教育程度对城市移民自雇创业选择有积极作用,更高的受教育程度会提高自主创业的可能性,延长自雇创业的持续时间。受教育程度低是进城务工人员选择流动摊贩等自雇就业形式的原因。有好些人夸大了辍学对创业者的作用,对辍学后成功创业的个别案例盲目追捧。但数据表明,95％的创业者至少拥有学士学位,读完大学者,一般来说不仅拥有更多的知识,而且拥有更多的人脉,这些都是企业发展所需要的要素。[1]

与这种关系类似的还有工作经验对于创业的作用。对于有从业经验的城市创业者来说,之前的工作经历和技能知识在创业经营上颇有帮助,比如销售人员通常会利用之前的销售渠道和营销经验开辟新的市场,而技术人员比起农民来说更加倾向利用自己的技术所长进行创业。此外,外出打工时间越长,移民对于环境越了解,选择创业的可能性也越大。

3）经济能力

很多学者考虑了失业率、收入差异、资产等经济因素对移民个体创业决策的影响。一般来说,在经济低迷、失业率高的情况下,原来愿意选择就业的移民不得不考虑自主创业。自主创业与就业之间较高的收入差距也是影响就业移民向自主创业转移的重要因素。与就业相比,城市新移民选择自主创业的主要因素是自主创业收入高,更可能实现财务自由。通过比较个体经营和有薪就业差异在人们的工作选择中的作用,发现移民将选择期望收入更高的工作。

---

〔1〕 Tom Koulopoulos. Five of the Most Surprising Statistics About Startups〔Z〕.(2018-04). http://innovationexcellence.com/blog/2018/04/08/five-of-the-most-surprising-statistics-about-startups/.

对于下岗寻找创业机会的人来说,如果家庭中只有一个人在工作,则仅有的工资收入就是选择个体经营的商业机会成本;如果夫妻双方都在工作并且收入稳定,这将影响他们对经营的选择。家庭收入在个体经营不利时将起到安全网的作用,收入较高且稳定的家庭选择个体经营的可能性更大。资产或财富的所有权对新城市移民是否选择成为个体经营者的决定具有重要影响。

2. 社会层面的动因

1) 城市创业环境优越

由第三章的推拉理论可以知道,地区的经济环境对人口流动影响较大。地区经济发展落后会导致人口流向发达城市;同理可得,经济发展好会吸引人口流入就业或创业。我国城市移民的主要人群有下岗再创业、大学生创业、农民进城创业、有工作经验的离职创业。他们户籍所在地的经济发展可能并不好,更倾向于去基础设施好的发达城市创业。

2) 社会资本动因

社会资本对移民个体创业行为的影响主要体现在创业者通过朋友、同事等社交资源,嵌入社会网络,获取更多的创业信息,此外关系密切者在物质与精神上的支持也为创业成功提供了更大的可能性。

首先,家庭因素在研究城市新移民创业选择中是不可忽视的。通常来讲,家庭是个人能够获得的最可靠的社会资本,而且来自家庭的资本不仅仅限于物质支持,在经验传授和精神鼓励上也有很大的帮助。在创业的初始阶段,家庭关系往往能够十分有效地激励个人创业,比如那些物质生活优越、资金充足的家庭能够给子女提供创业所必需的启动资金,而开放民主、氛围和睦的家庭也常常会在子女创业上给予精神支持,激发子女的创业意愿。

其次,社会网络在城市新移民的创业活动中扮演着重要角色,近年来引起学者的广泛关注和研究。城市新移民拥有的社会网络规模越大,网络关系强度越高,他们越倾向于选择创业,朋友与家庭的支持往往给城市移民创造更多的创业机会、提供更多的行业信息等。社会网络还具有传导作用,创业者的社会网络可以将创业成功者的示范效应迅速扩散,吸引更多的城市移民参与创业。

外来劳动者的能力越强、拥有的社会资本越多、关系网络越强,他们越想进行创业进而发挥自己的能力和优势。就拿目前我国存在的几大快递公司,如申通、圆通、韵达、天天快递的创业者来说,"桐庐帮"之所以兴起,关键人物就是申通创始人聂腾飞。聂腾飞创办申通之后,首先从家乡熟人中扩招快递员。后来与聂腾飞一起创办申通的詹际盛离开申通创办了天天,聂腾飞的弟弟聂腾云则离开申通创办了韵达。圆通的创始人张小娟夫妇、中通的创始人赖海松也都是桐庐人,并且都是申通快递现任董事长陈德军的同学。到这里,其实"三通一达"之间的关系就已经很明朗了。"三通一达"同为桐庐人创办的四家快递公司,在快递行业中独占半壁江山。从这个例子,我们可以看出社会网络关系对创业的影响,社会资本桥梁性越高、内聚性特征越强的人,越有可能进入自主创业的圈子。

(二)行业和商业模式选择特征分析

城市的个体经营者和私营企业家大多由失业青年、下岗工人和退休人员等群体所构成。随着劳动力持续向城市大规模转移,其中很大一部分移民先是具有一定工作经验的群体,然后离职自主创业,转变为个体创业者。还有一部分创业群体是以大学生为主体,他们在大学学习到高等知识,掌握着先进的技术,在经过一段时间的磨练后积累了人脉,开始走上自主创业的道路。随着城市移民的涌入,人们不仅仅是谋求生存,更是转变为谋求发展,从一开始的出卖劳动力转为技术、资本、智力和劳动出口并存。在这样的转变过程中,社会资本和货币资本也在不断地积累,部分贩卖苦力的劳动者逐渐转变为持有生产资料甚至雇佣工人的城市移民企业家,实现了社会角色和身份的重大转变。

城市移民创业绝大多数选择的是批发零售业、便民服务行业以及文教体产业,因为这几大行业对于初创企业相对友好,创业投资成本较低。而制造业前期开办工厂、引进设备和技术需要较高成本投入,因此城市移民较少选择此类行业。像矿业、电力、天然气、建筑等制造业生产资料的加工、销售,无论是大型的世界级公司,还是街头的一个简单的加工车间,其收入模式本质上就是低买高卖,得到产品的差价,或通过加工原材料获得收益。以我国制造业为例,我国的加工工厂众多,为全世界提供着各式各样的产品,这一"世界工厂"的商业模式实际上比较简单,工厂得到订单进行生产销售,利润主要来自生产销售的微薄价差。尽管这一模式在很长一段时间内十分流行,但随着国际整体经济环境的恶化以及我国人工、物料成本的提高,传统以廉价劳动力取胜的中国制造业正在面临挑战。城市移民企业家在这种情况下如果选择制造业就要充分考虑前期的大量资金投入和后期面临的经营风险和不确定的市场环境。

下岗再创业、进城务工人员创业往往倾向于选择传统行业,比如农业,以自然生产物料为原材料,主要依靠自己的劳动力去种植、养殖,最后销售产成品获得收入。这种传统行业的优势在于创业初期成本不高、进入门槛低,没有复杂的营销模式,适合受教育程度不高,以劳动力产出为主的城市移民群体。此外,就受教育程度来说,受过高等教育的大学生创业更倾向于新兴行业,多与大数据、互联网相关。

综上,城市移民创业行业的选择与移民的受教育程度、行业创业成本等因素紧密相关。

（三）物质资源与资本资源的约束分析

第一,物质资源约束。由于历史原因,我国实行户籍制度管理,导致城乡居民存在两种不同的社会身份,这种城乡二元结构限制了劳动力的流动。尽管改革开放以后该限制在不断放松,但我们仍能看到在就业、医疗、社会保障、子女入学等方面,农村居民在进入城市后往往并不能获得与城市居民一样的待遇。与此同时,城市新移民在新的环境下与城市一起成长,对于融入城市有较高的期望,大多将自己的生活前景与城市发展相联系,这就导致移民创业所需的物质资源与移民实际所拥有的资源产生了冲突。此外,城市新移民创业前期大多都没有自有住房,虽然生活和工作都在城市,但主要是合租或住单位宿舍,生活起居条件并不理想。从居住的角度来看,大多数城市新移民生活在城市边缘、城中村或旧居民区,一些受过良好教育的新移民群体也生活在大学或工业园区附近,形成一定规模的移民定居点,定居点的公共安全和卫生条件相对较差。薄弱的物质资源环境给城市移民的生存生活带来了一定程度的影响,这些资源常常也会限制创业企业的发展。

第二,资本资源约束。城市新移民绝大多数来自经济欠发达地区,在创业时很难获得经济支持。城市新移民的家庭往往不能为他们创业提供较多的经济资助和社会资源,在与同辈人竞争时处于相对弱势,通常表现出较多的群体界限。

(四)移民创业城市的选择分析

在上文我们对城市移民创业的动因、行业规模、资源约束进行了分析,接下来将谈到移民创业者该如何选择创业城市。

1. 一线城市

发达城市的购买力产生了对当地商品和服务的更高需求,从而为高技能劳动力提供了更多的创业机会。附近城市的潜在市场会促进技术外溢、创新和竞争,从而提高本地公司的未来生产力。企业生产率的提高又促进了大城市的规模生产优势。来自我国的最新经验证据还凸显了城市规模和城市群在提高城市生产力中的作用,这对于后来的创新驱动型创业至关重要。

北京正在努力建立一个以中关村为代表的企业家圈,创建一个企业家生态系统,并输出创新和企业家精神的成就和价值,因此"中关村"已从地理术语变为我国创新和企业家精神的象征。北京的创业孵化平台广,创业媒体运营强,风险投资也很活跃,为企业创业融资提供支持。可以说,北京的创业服务机构是最完善的,深度服务的整体能力是最好的。

上海拥有充满活力的创业氛围,就中小型和微型企业的数量和创造的就业机会而言,它远远领先于我国其他城市。上海的互联网公司也很多,仅次于北京。其蓬勃发展的中小微型企业系统也使其像一片森林,足以容纳各种生态环境。更不用说,作为长三角经济区的核心,上海还具有发达的金融和国际优势,市场广阔,民营经济活跃。在这样的城市里,企业家有无限的机会。

深圳有强大的创新和创业氛围、活跃的资本市场,同时地理优势显著——毗邻中国香港,还有高度融合的人才流和信息流等。然而,深圳最引人注目的特点是其通信设备、计算机和电子制造领域的完整产业链。综合各方面要素,不得不说深圳是一个适合创业的城市。互联网的龙头企业,如腾讯、华为、中兴、百度、阿里巴巴和360等公司都在深圳设有分支机构。正是因为深圳重视创新投资,所以它对新兴行业、创业公司相对很友好。

从新兴行业中的创业公司的角度来看,大城市代表了一个更友好的创新环境,因为它更有可能具有更广泛的投入(人员、思想、供应商),这些投入可以重新组合以实现突破性的创新。在整个行业的生命周期中,随着产品的成熟和标准化,来自区域扩张的溢价会逐渐减少。在高度集成的大型城市群中,城市的创业能力不仅取决于其自身的人力资本池和对人才的吸引力,还取决于其与城市群中其他城市的相互作用。例如,缺乏领先大学的深圳和苏州等城市,由于其与附近城市中顶尖大学的地理位置接近,可分别从中国香港和上海获得了大量的人力资本和市场整合溢出效应。该市的当地人力资本池、市场规模、其他经济基本面以及优惠政策吸引了大量的高技能工人和跨国公司,产生了快速成长和创新的创业公司。

2. 其他城市

根据 2019 年中国海归就业和创业调查报告显示,海归创业的首选城市并不是高度集中在北上广等一线城市,而是逐渐向二、三线沿海城市以及中西部地区发展。学者们早就意识到了这一点,大都市并不是开展创新和企业家活动的唯一有意义的地区。越来越多的实证研究发现,创业活动和创新活动多发生在较小规模的集群中并从中受益。研究表明,人力资本外溢会随着空间距离的增加而减弱。像软件开发这样的高科技行业往往对这种集群表现出更高的敏感性。

此外,互联网相关行业大多以轻资产为主,支撑这个行业的技术、人才等关键要素相对来说比较容易配备,创业适宜度差异可能会因此缩小。比如说,湖北武汉、四川成都已经崛起为区域性的互联网创业中心。如今,城市之间的联系比以往任何时候都更加紧密。较早的文献记录了知识溢出的显著地理定位,可能是由于行进速度有限和行进成本高。相比之下,城市群的整合发展(我们称为城市群整合)使溢出效应在空间中的扩散速度比以前快得多。鉴于较高的出行速度和较低的运输成本,知识溢出和市场整合的空间范围较少受地理约束的限制,所以并不是说在大城市创业或是小城市创业一定会有绝对的优势,创业城市的选择还应结合企业自身情况做出选择。

四、返乡创业

农村问题一直以来都是我国政府和社会关注的重点,2018 年中央1 号文件明确提出要"加强扶持引导服务,实施乡村就业创业促进行动"。近几年来,由于国内经济形势欠佳,进城务工人员就业压力不断增加,全国各地相继出现了返乡创业浪潮。据农业部乡镇企业局的调查结果显示,至今已经有近 500 万名进城务工人员开始了返乡创业,总数占全国乡镇企业总数的 1/5,他们利用在外务工期间积累的资金、技术、管理经验等创办自己的企业(程业炳,周彬,张德化,2014)。这一数据表明,返乡创业已经在中国农村土地上大规模开展起来。

近些年,国家及各级政府相继出台了相关政策,从资金、技术等方面给与返乡群体优惠政策,为其提供大量支持,积极引导与鼓励返乡群体能够加入创业队伍之中。例如,截至 2020 年 2 月底,四川省内江市建成创业园区 20 个,吸引 10 114 名在外务工人员返乡创业;云南省普洱市也积极制定政策,开展创业培训 2.53 万人次;为解决返乡群体融资困难问题,发放贷款 4.11 万人次,贷款总额 47.4 亿元。[1]

尽管返乡创业者无论从主观还是客观上都具备了一定的现实条件,但是返乡创业仍然是一个复杂的问题,返乡创业者不仅要拥有成熟的项目,还需要一个较为完善的服务平台(孙奎,2013)。要想深入了解返乡创业者的创业活动,首先就要从返乡创业动因展开探讨,揭示返乡群体为什么放弃城市中的工作机会而返回家乡开展创业活动的原因。

（一）返乡群体创业动因分析

探讨返乡群体创业动因有助于对返乡创业者有一个更深入的了解。返乡创业是返乡群体在结合国家相关政策与市场经济环境对自身条件进行分析后做出的理性决策,受到城市推力与农村拉力的共同影响。下面我们从外部客观环境和自身主观因素两个方面来探讨其返乡创业的动因。

1. 外部客观环境

第一,以户籍制度为代表的城乡二元体制的推力作用。户籍制度不仅仅是农村与城市的地理区别,更重要的是与之配套的医疗、教育等公共服务资源的分配问题。由于进城务工人员的户籍还在农村,加之文化程度较低,他们只能从事较初级的工作,这些工作一般较繁重、

---

〔1〕 https://kandianshare.html5.qq.com/thirdPartyShare? originUrl = http％3A％2F％2Fcn.chinadaily.com.cn％2Fa％2F202007％2F05％2FWS5f013db9a310a859d09d60c5.html.

较累,大部分为城镇居民不愿意做的工作;他们的子女在城里就学也难,等子女到一定年龄,就要与孩子两地相隔;他们也不能享受与城市居民同等的社会保障与福利,不能保障基本的医疗、住房问题。大学生在一般城市落户比较容易,但是大城市高昂的房价及物价使他们压力倍增。

第二,地方环境改善的拉力作用。结合大众创业、万众创新的政策契机,我国农村工作进入了新的发展时期。国家自 2004 年实施的"新农村建设""乡村振兴战略"等规划,使农村面貌发生了翻天覆地的变化。农村发展环境的改善及政府出台的各项惠民政策增强了返乡群体创业意愿,增加了返乡群体的创业行为,营造了积极的创业氛围。农村地区具有广阔的发展空间,大片待开发的土地、丰富的物产能够吸引消费者的眼球,尤其现代人强调绿色生活,而且农村物价较低,创业成本相对较低。因此与城市相比,农村创业更符合经济基础相对薄弱的大学生群体。随着农村基础设施的不断完善,财力资源、人力资源、市场资源的不断完善,生态环境不断优化,都吸引着大学生返回家乡干一番事业,造福当地百姓。

2. 内部主观因素

第一,返乡群体在外求学及工作经历积累了知识、经验、技能及原始资本。大学生通过在大学期间的学习,进城务工人员通过外出务工接触到城市新的思想、新的观念,增长了见识,学习到更多新技能。返乡创业者逐渐转变了陈旧的生存观念,市场竞争观、创业致富观等日益增强。大学生及进城务工人员还可能通过企业技能培训和长期工作实践掌握相关领域的基础技术甚至核心技术,在这个过程中还能不断学习到相关企业成功的商业模式。有的大学生和进城务工人员还积累了丰富的营销和管理等方面的知识,对企业的内部治理制度、外部营销方法、企业成长模式都有深入的了解,他们也渴望自身所学有用武之地。

第二,更高层次的追求。根据需求层次理论,人的需求分为 5 个层次,从低到高排序依次是生理需求、安全需求、社交需求、自尊需求、自我实现需求。当低层次的需求满足后人们就会产生更高层次的需求。对于大学生来说,已经基本满足了生理与安全需求。进城务工人员通过自己的努力也基本摆脱了吃穿住行等基本需求,他们渴望更高层次的社交需求、自我价值实现等方面的满足,而大城市不能带给他们归属感与应有的尊重,他们渴望利用自身学习到的知识及在外工作经验返回家乡以获得更高预期的回报,得到丰富真挚的情感,实现人生价值。

（二）商业模式拷贝与资源配套的冲突分析

商业模式在前文已经提到过,主要由业务范围、战略定位和价值以及市场等因素构成。商业模式具有复制性。成功的商业模式很可能被竞争对手所模仿,尤其是同行业之间的竞争,以 twitter、微博为代表,其公司的发展之路都具有相似性。

返乡创业群体正处于一个兴起的阶段,创业难度较大,在创业过程中面临着许多坎坷与挫折。返乡创业者通过在外地工作或学习的经历而有了创业的想法,想要把自己学习到的和经历过的商业模式带到家乡去发展,并将其套用到自己新创的企业中。他们往往只是照搬成功企业的简单方案,而没有考虑这种成功的商业模式是否会出现水土不服,对其产生的后果也没有进行分析。农村的发展环境与城市相比还相对滞后,各种基础配套设施不能满足返乡群体需要,因此存在商业模式拷贝与资源配套冲突的问题,主要表现在以下几个方面:

第一,农村基础设施不完善。城市的商业发展模式一般需要比较完善的基础设施,而农村基础设施不完善,这是一个由来已久的问题。返乡群体的创业活动没有办法与城市相联结,农村的物资产品无法运输出去,存在物流障碍,农村地区没有建立完善的网络设施和通信设施。基础设施的不完善使得农村地区不能形成像城市一样的集聚效应和辐射效应。

第二,缺乏当地政府的扶持及创业培训活动。地方政府部门不能形成良好的衔接,即使有优惠政策,也可能因为政府部门的不作为或推脱滞后等影响政策效果。某些地方政府职能部门还会强制性参与返乡创业者的创业活动,企图瓜分企业利润,若不应允就会在各个方面限制返乡创业者的活动,这些行为都严重打击了返乡创业者的热情。

第三,产业配套资源低。返乡创业者创建的企业产业链比较单一,需要与其他企业合作来获取本企业所需要的资源。尽管政府及各级部门出台了相关措施改善农村发展环境,例如,税费减免和项目孵化等大学生扶持政策,在一定程度上能解决产业环境问题。但是这些措施在具体操作过程中也存在很多问题,例如,有些政策门槛较高,大学生不能享受到这些政策,各个部门之间配合不紧密,难以形成产业园区内部资源的紧密衔接。

(三)模仿与永续经营

返乡创业群体大部分是复制其在城市所见所学,属于模仿型创业。但是当企业规模发展到一定阶段时,市场会对企业提出更多、更新的要求,那些多年前通过进城务工掌控的技能或大学期间学习的知识已经无法解决企业面临的问题,企业发展后劲不足,难以实现永续经营。主要原因如下:

第一,模仿型创业模式进入门槛较低。进城务工人员的文化素质普遍偏低,受教育程度和知识水平有限,对机会的把握能力、创新能力较差。大学生虽然拥有一定的知识和技能,但是缺乏工作经验,在项目选择上具有很大的主观性。而模仿型创业具有投入少、见效快的优势,很多返乡务工人员和大学生都倾向于选择这种创业形式。但是这种创业模式进入门槛较低,使得行业竞争异常激烈,同时也会逐步降低行业内的利润空间。进城务工人员从普通的打工人员向创业者转变,大学生从学生向社会人转变,他们在领导水平、经营能力等方面与企业家相比还具有较大的差距,因此很难带领公司跨过一个个阻碍,实现产业升级。

第二,模仿型创业模式产品同质化严重。农业部农村经济研究中心的一个专项调研显示,返乡创业主体中涉及种植业和养殖业的分别占 36% 和 31%。[1] 这说明返乡创业行业主要集中于以农业为主的个体商户,一般较少涉及高新技术领域。由于一些政府缺乏对这些企业的正确引导,一些诸如农家乐、民宿等返乡创业项目同质化非常严重,数量众多,缺乏特色,很容易破产。另外,返乡创业企业一般以小型、微型企业为主,产品生产过程较为简单,容易被其他人模仿,且品种较为单一,产品附加值不高,这些企业即使熬过前期激烈的同质化竞争,后期的纵深发展依旧困难重重。

第三,模仿型创业模式难以形成品牌特色。创业项目进行到一定时期之后,产品创新及服务质量都需要不断升级,并需要对企业产业进行优化,降低企业成本,提升产品收入。但是创业项目本身受农村市场环境的影响,不能准确地掌握企业各个方面优化的方向及方案,返乡群体本身所掌握的技术、管理水平也有限,不能在众多产品中找准产品定位,凸显企业品牌特色。

基于以上三个原因,返乡创业企业的持久性比较差。

返乡群体应谨慎选择创业路径,提高创业水平。返乡群体是在大城市中找到自己的创业灵感,但是限于自身管理能力及创新能力,不能充分发挥项目的优越性。因此,返乡创业者可以以加盟的方式减小创业风险。例如,服务型行业的大学生创业者可以以加盟的方式进入,不但可以减免一部分宣传费用,还可以借鉴该品牌的经营模式。合适的才是最好的,返乡群体需要结合自身条件及当地资源环境,选择合适的创业项目。例如,种植业或养殖业等以土地为基础的行业更适用于返乡务工人员,依靠技术类的新兴行业适用于掌握技术的大学生创业。政府部门也应不断提升优惠政策,充当返乡群体的指挥官,不断完善当地产业链,让企业在地方稳定扎根。

---

[1] http://www.clssn.com/html1/report/22/1355-1.htm.

五、本章回顾

本章在前文理论分析的基础上,结合中国具有代表性的几类移民群体——海归移民、三峡库区移民、城市移民、返乡移民,分析了我国移民创业的动因、创业的障碍以及创业策略的选择等。创业动因通常可以从宏观环境层面和个体层面两个角度,综合分析各类移民创业的主要动力。当前我国移民创业面临的最主要的障碍还是融资困难、环境适应能力弱等问题。本章具体讨论我国移民的实际情况,具有现实意义。

第七章　我国移民创业面临的困境及对策

移民企业家在创业过程中会遇到资源、文化、语言、法律制度、市场竞争、移民政策等各个方面的问题。对此,创业者应该如何去面对,如何去解决呢?下面我们分别从企业家自身、企业运营管理、社会网络与资源瓶颈、制度约束四个层面分别阐述。

一、企业家自身

企业家自身层面的问题,包括移民企业家的能力和身份构建活动。Bird(1995)认为创业能力通常被广义地定义为影响创业和管理的个人特征,例如知识、技能、动机和自我效能感。身份构建的过程是复杂的,是由许多力量形成的。Cerulo(1997)认为身份构建是一系列自我定义和对自我构建不断修正的过程。

(一)资源特定的局限与对策

资源是创业成功的必要前提,也是移民创业者在创业之初面临的主要难题。移民创业者的经济、人力和资本存量会影响创业策略,任意两者之间的契合度都会影响创业绩效。因此,我们先从资源角度出发,研究移民创业者面临的资源局限问题,并提出相应的解决对策。

1. 海归创业的资源局限问题

根据《2019 年中国海归就业创业调查报告》,出国留学并在完成学业之后回国发展的人员占已完成学业群体的 84%，这表明海归回国发展已成为主流，其中，有 5% 的受访者选择创业作为未来发展方向。[1] 但海归创业并非一帆风顺，他们不仅要经历从学校到社会的转换，同时也要面对国外与国内市场环境的差异。海归创业者的资源局限主要体现在以下四个方面：

第一是人力资源。海归创业者的人力资源局限问题主要包括两个方面：海归创业企业劳动力单一与海归企业激励需求差异。海归创业企业大多数都是以高新技术为主的企业，因此企业在招聘过程中会倾向于引进高新科技人才；海归创业企业的教育背景、海外经历的差异导致其对激励的需求也存在很大差异，现今海归创业企业采取的激励方法在员工个体之间差异不大，但不能满足企业员工的需求。

第二是财务资源。海归创业企业的融资困难在第五章与第六章都有相关论述。融资困难一般是由金融体制导致的。海归创业者所从事的 IT 研发、新型医疗和生物科技等行业往往存在融资需求期限短、额度小、贷款利率高、时效性高、个性化需求强、缺少抵押物等问题（陈健 等，2017）。这让大多数金融机构觉得为海归创业企业提供融资服务风险高、成本大。于是，海归创业也只能像大部分初创企业一样转向民间融资，巨大的融资缺口不断推动民间融资利率走高，致使创业企业融资成本居高不下。而且海归创业者往往不熟悉国内的政策环境，致使其融资渠道较窄。政府所出台的各项政策大都存在"重创新、轻创业"的倾向，也常常不被创业企业重视，国内不少地区的创业园只采取简单的补助政策，这对创业企业来说杯水车薪。所以海归创业者的创业资本主要源于个人储蓄以及家族成员的支持。

第三是环境资源。经营环境的改变也成为创业企业的障碍。国内

---

〔1〕 https://mp.weixin.qq.com/s?src=11&timestamp=1598081350&ver=2537&signature=jLWT7m87nrQbIcTWQ7OHIM2dcgQdK4oES3fSVhGM5Fc5oa2s-WCiNDigtHQyfcUswIxQ7CmVzbXyzMeGzsizf6iUyMY8DDBToH5CYRhbdqfNmBchsATt1w6TXDPEVgj5 & new=1.

外的制度环境与市场环境存在很大差异,盲目照搬国外经验会出现水土不服的现象。国外市场相对成熟,只要有技术,公司的资金、营销等方面会有专门的人才或机构进行运作,但在国内还未达到该水平,需要海归创业者自身提高技术和管理水平。而且随着中国经济的发展,大多数地方已由过去"捡到篮子都是菜"的招商引资阶段步入到结合本地产业发展状况的产业链招商阶段,高新技术开发区提高了进入门槛,只允许规模大、和本地产业配套的项目进入。因此,海归创业企业需要深入了解中国市场,实现本土化。

第四是产业链配套资源。海归创业者所从事的行业大多属于高新技术行业,这些行业需要上下游科技企业和战略伙伴的技术支持,然而国内现代服务业还欠发达,一些高新技术企业需要的产业链配套资源还不完善,这导致创业企业不能及时获取相关原材料、技术,没有相对成熟的平台找寻客户及合作伙伴,极大地限制了海归创业企业的发展。

2. 三峡移民创业的资源局限问题

与海归创业者不同,三峡移民创业所面临的主要资源问题如下:

一是社会资源。人是生活在一定的社会网之中的。社会网有两种功能:信息交流和社会互动,而互动中形成的关系有利于信息的交流。对三峡移民来说,迁移增加了语言交流上的困难,割裂了原有的提供相互沟通、情感支持和自我认同的社会网络,丧失了许多朋友间非正式的互动机会(George,Paul,1980)。三峡移民原有文化与移民地原有居民文化的差异性也会引发冲突,导致其难以建立新的社会网络。

二是财力资源。三峡库区地处内陆封闭的山区,当地人主要以农耕方式谋生,生产力相对落后,属于我国经济发展落后地区,山路阻断了其与外界的联系,难以形成市场条件。三峡移民搬迁之后,国家的资金补偿政策是提高移民生活水平的重要保障,然而国家对移民每人每年 600 元的补偿政策从 2006 年下半年才开始,且一直没有增加(范晶晶,2014)。这些都导致三峡移民创业初期没有足够的资金支持。

三是人力资本。三峡移民普遍受教育程度低,文盲半文盲较多;由于自然条件的限制,三峡移民多以种植农产品与单一果木为生;三峡移民多为农民,生活方式比较单一,所能掌握的生产技能也比较落后,不能满足移民地的需求。

3. 城市移民创业的资源局限问题

我国国内城市移民是相对普遍的现象,一般以从不发达地区到发达地区迁移、从乡镇到城市迁移为主要表现形式。城市移民创业存在的资源问题主要包括教育资源、住房资源等普遍问题,也包括一定程度上的财务资源与人力资源问题。

一是教育、住房等物质资源。在诸如上海、北京等户籍制度非常严格的城市,外来人口很难获得购房资格。住房资源受限对移民进入特定阶层、获得特定成员身份或进入特定社会生活情境都会产生影响。大城市的入学制度通常与户籍或房产相关联,城市移民如果没有办法拥有房产,也只能采用借读的方式,而公办学校的借读费、择校费、赞助费等高高竖起的门槛又一次将城市移民拒之门外。城市移民子女即便在移民地借读,最后也不得不回户籍所在地参加中考或高考,而移民地和户籍地的教育要求不同,会给移民创业者的子女升学带来很大障碍。

二是社会资源。城市移民离开原来的族群网络,对创业者而言,这样的网络往往可以提供财务资源和市场知识、社会联结以及与潜在的员工和客户的联系。而城市移民在迁移过程中新形成的以信任为纽带的社会网络关系形式较弱,不利于社会资本的提升。

4. 返乡创业的资源局限问题

目前返乡创业现象主要分为两类:一是大学生返乡创业,二是进城务工人员返乡创业。尽管国家出台了相关政策来扶持他们返乡创业,但是其发展状况依然不够乐观。其所面临的资源问题主要包括融资、配套制度、基础设施、气候等不可抗力等问题。

一是融资困难。融资成本是影响创业项目发展的重要因素。返乡创业的务工人员很可能在创业之初,就倾尽了自己多年打工所积累的资金,当企业进入发展期,就需要融资来解决企业的发展问题。然而返乡创业企业在贷款方面却面临巨大困难:首先,返乡创业企业主要向当地信用社贷款,一般需要担保和抵押,而返乡创业企业多为中小企业,缺乏支撑其贷款的固定资产或无形资产,对于超过3万元的贷款,信用社还要求有公职人员提供担保;其次,返乡创业企业可以选择国有商业银行,但国有商业银行贷款门槛高、贷款周期长更不能满足移民创业企业的需求。这些贷款的限制性条件严重影响了企业的后续发展能力,甚至使企业因资金缺乏而失去最佳的发展时机。

二是配套制度问题。返乡创业企业大多处于乡镇地区,没有良好的市场环境,各个经营部门之间也没有形成良好的沟通,更没有像城市里的企业那样,形成市场化的运作方式。移民创业者还面临各种烦琐的手续,往往需要来回跑很多次,给创业过程增加了很多麻烦。移民创业企业还缺乏专业的支持,而完善的专业配套制度可以为创业者在人才聚集、组织管理、机会识别、技术应用和获取资源等方面提供支持。返乡创业者在创业过程中经常因市场信息获取难度大和不及时等问题错失良机。

三是公路、水、电等基础设施的问题。农村地区经济相对落后,很多时候,返乡务工人员即使有好的项目也会因为农村不具备相应的条件而夭折。尤其是山地丘陵地带的农村,山里人出不来,山外人进不去,大山阻断了与外界的联系,也阻断了创业机会。

四是受气候等影响较大。返乡创业大部分是出于因地制宜,希望将当地的自然条件、环境特征以及自身在大城市学到的经验相结合,给当地经济带来新的技术与发展思路,因此返乡创业项目大都以农业项目为主。但是农业的发展常常受到气候、自然灾害等不可抗力的影响,具有不确定性。

5. 资源局限问题的解决对策

资源局限问题的解决对策主要分为两个方面:一是改善移民创业

企业经营环境;二是移民创业者本身不断提高适应能力。

改善经营环境主要从以下两个方面考虑:

第一,改善金融机构对移民创业企业的偏见。移民创业企业多为小微企业,金融机构可以通过采用大数据算法和风控模型对小微企业的信用记录、交易数据及履约能力等信息进行预测分析,准确评估其信用等级和投资风险,在获得较为真实客观的客户资信基础上实施差别化管理,改善小微企业征信机制。搭建小微企业征信信息平台,了解小微企业金融状况,促进金融服务升级。建立信贷风险转移和分散机制,小微企业的授信,可以与征信担保公司、保险公司进行合作,为商业银行分散、转移信用风险,形成多方参与、利益共享、风险共担的合作经营局面。

第二,各级政府通过相关制度措施改善创业环境。这主要从以下三个方面出发:

(1)加强小微企业融资支持服务。地方政府对小微企业信息的掌握比较全面,加强地方政府的支持服务,设置专业的金融科技服务站或金融科技服务专员,让小微金融服务落地生根。加强监管和政策支持力度:一方面,要加强对金融科技的扶持,聘请相关企业、科研人员对创新项目进行评估,从而选出那些素质优良、市场良好、创新力强等优质企业进行高额补贴;另一方面,加强监管力度,确保小微企业信息采集和使用过程中的合法性、合作各方的责权利对等及相关产品的普惠性。

(2)健全与创业相关的配套制度。各省市可以在各地区建立创业园,完善创业园内相关基础设施,给移民创业者营造一个良好的创业氛围;改进行政管理方式,充分利用政务服务中心,实行一个窗口对外、一站式办理、一条龙服务,解决移民企业办事难的问题。地方政府应针对移民企业制定相应优惠政策,放宽对移民企业限制。调动一切有利于社会经济发展的生产要素,营造百花齐放的市场环境。

(3)加强创业基础设施建设。各级政府需加大道路、水电、通信、交通运输等农村基础设施投入力度,完善和升级乡镇落后地区的基础设施及配套设施建设,逐步提高农村基础设施水平,为返乡创业者创造一个良好的创业环境,为创业奠定一个好的基础,吸引更多的人加入农村创业发展。此外,还要帮助返乡创业者解决土地流转问题,要加快土地有序流转进程,合理利用农村资源,满足创业所需要的土地和厂房等硬性条件,为创业奠定基础。

移民企业家本身应不断学习先进创新理念,提升自身素质;处理好移民内部圈层和外部圈层的关系,通过内部圈层社会关系获取情感支持,通过外部圈层获取创业机会,不断加强外部关系网络的构建,学习先进创业理念,了解更多商业领域,才能获取创业的转型升级。

(二)身份构建

企业的创立与发展是一个基于企业家认知进行机会识别和组织身份认定,并在企业家认知的指导下进行能力构建以抓取机会进行循环发展的过程(尹剑锋 等,2017)。创业初期,由于社会网络改变、语言文化差异,创业者可能会出现不自信、不确定等心理障碍。随着企业发展,企业家不断汲取工作经验,将亲身实践转化为创业阅历,自身能力得到不断提升,利用自身对商机的敏感性,抓住创业机会,促进企业发展壮大。企业规模的扩张、多个领域的发展又促进企业家新能力的提升,新能力的提升重塑了企业家对自我的认知。随着企业发展壮大,移民创业者不断扩展自己的视野,提高自己的战略思维,逐渐成长为高瞻远瞩的企业家。

身份构建的过程是复杂的,是由许多力量形成的,同时也会随着企业的发展而发生变化。创业企业需要根据创业初衷选择合适的创业身份并匹配相应的行为。创业身份成为新创企业获取合法性的有效手段。为了克服外部环境的不确定性,企业需要借助特定身份来获得足够的合法性。反过来,企业又可以利用外部环境的期望塑造或调整自身的创业身份,并应用于创业实践中,帮助企业识别到适合企业长期发展的创业机会。

身份构建受到很多因素的影响,其中文化约束问题是移民创业者在身份构建中普遍面临的一个问题:海归创业者需要适应国内、国外文化的差异;三峡移民创业者需要克服原居住地与移民地之间语言、习俗等方面的差异;城市移民创业者需要克服不同地域生活习惯的差异;返乡创业者在文化差异方面所面临的困境相对较小。

二、企业运营管理

移民创业者除了面临一般中小企业面临的难题之外,相对于移民地本地企业,还面临着陌生的经营环境、更难以维护的公共关系:不了解行政审批事项的办理,不了解移民地投资机构的偏好和相关资金获取的渠道,不熟悉移民地财务、税务、法律环境和公司运营管理方法等问题(廖婉云,2016)。因此,移民创业者应该对客户进行细分,为科学有效地"保客户、留客户"提供依据;熟练运用文化营销及外部沟通等营销策略,加强企业运营管理能力。

(一)客户细分的选择困境

移民创业者如何在陌生的经营环境中打出自己的一片天地,可以从细分市场切入。正确的客户细分能够有效地降低成本,同时成更强、更有利可图的市场渗透。然而不同行业、同一行业不同企业相应的客户细分方法也不尽相同。针对移民创业企业,需要探讨企业家在客户细分方面面临哪些难题,又该如何解决。

1. 客户细分的定义

客户细分是指根据客户属性划分的客户集合。通过某种细分方法,将客户划分为不同的等级或子群体,根据客户等级或子群体特性的不同,制定能满足各个客户等级或子群体需求的营销方法。通过客户细分,为企业充分获取客户价值提供理论和方法指导,以达到吸引合适客户,保持客户关系,建立客户忠诚的目的。

2. 移民创业企业客户细分困境

客户是企业生存和发展的基础,市场之间的竞争归根结底是企业对有限的客户资源的竞争。然而移民创业企业在创业之初,生产规模较小,不可能为所有客户提供令其满意的产品和服务,这缺乏现实性。但是由于客户的购买力等因素的不同,并非所有的客户都能带来同样的效益,并且,部分客户不但没有创造正的效益甚至会产生负的效益。帕累托二八定律很明确地说明了这一点,企业 80% 的效益是由企业20% 的客户创造的,这 20% 的客户对企业来说就是最重要的,其他部分客户除了效益低之外,其中还存在给公司带来负效益的客户。因此,移民创业者有必要区分出哪些是企业最重要的客户、哪些是不重要的客户。

然而移民创业者在进行客户细分时,也会面临种种困境。下面我们就四种移民创业类型分别展开论述。

海归移民创业者的优势在于其往往掌握先进的技术、国际化的创业理念,其目标在于成为某一细分市场的领头企业,这些都充分说明海归回国创办企业一般具有谋略性,对产品也有明确的定位。海归移民创业者面临的困境主要在于其确定目标市场之后,如何吸引目标客户并与之确定长久稳定的商业关系。

三峡移民创业者一般是基于生存的压力而选择创业,项目选择主要依托移民群内网络、区域特色经济、移民前原有技能、地理区位优势等几个方面(孙泽建,2014),目标客户集中于族裔群体。随着经济条件的改善、社会关系网络的强化,企业规模不断扩大,行业选择不断增多,客户需求不断丰富,创业企业面临的问题在于如何实现由一个狭小的细分市场向范围相对宽广的用户提供不同的产品或服务的过渡。

对于务工人员返乡创业来说,其创业项目往往是为了给城市消费者提供商品服务,或者把城市里好的商业项目或商业模式带到农村地区发展,那么在创业之初,除了确定细分市场,创业者还必须要考虑如何使自己的商品或服务便利地到达目标客户手中。

对于大学生返乡创业来说,其创业项目主要集中于批发、零售、教育、餐饮等第三产业,如何专注于某一细分市场并保证该细分市场有足够的客户让公司起步、扩宽销售渠道是大学生创业面临的严峻问题。

3. 移民创业企业客户细分方法研究

移民创业企业进入市场会面临很多阻碍,如劳动力资源不易获得、族群劣势、经营环境不佳、跨文化沟通障碍等问题,这些困境都会影响移民创业企业客户细分战略,移民创业企业必须从中选择鲜明的战略,以获得更高的绩效。

移民创业者在客户细分方面主要包括三种战略:集中性目标市场战略、差异性目标市场战略、无差异性目标市场战略。

集中性目标市场战略是指企业选择一个或少数几个细分市场或一个细分市场的一部分作为目标市场,集中企业全部资源为其服务,实行专门化生产和营销。该战略主要适用于移民创业企业早期,生产规模较小,相较于移民地本土企业处于竞争劣势。移民初创企业选择这一战略的优点在于:大公司更愿意在成熟的行业中竞争,而小公司更倾向于在竞争不太激烈的细分市场内寻找机会。新创企业在一个或几个狭窄的细分市场上,利用移民企业家先进的技术、政府优惠政策等便利条件实施差异化战略或者成本领先战略,使竞争者无法进入或者不愿进入企业所在的细分市场。

差异性目标市场战略是指新创企业提供满足不同用户、覆盖不同地区的各种产品的战略。该战略适用于新创企业后期,企业规模扩大,客户需求增加,因此企业需要扩充产品线宽度,生产更多种类的产品及衍生品,为范围更加宽广、需求更加多样化的用户提供不同的产品或服务,从而达到满足不同用户需要的产品和服务的目的。与此同时,企业在这个过程中能够发现更多的创业机会,获得一个新的产品市场组合。

移民创业企业依赖于先进的创业经验、强社会关系网络以及开放的视野,实施差异性目标市场战略,扩宽企业业务,增加企业抗风险能力。通过进入新的市场,新创企业可以更好地开发潜在市场,提升绩效,将有可能比专注于狭窄市场的企业获得更好的经营业绩。

无差异性目标市场战略是指忽略消费者之间的差异性,找寻市场中消费者的共同需求,并围绕这些共同需求展开营销。该战略对于公司的实力与规模要求较高,依靠公司成熟稳定的宣传与销售方式,移民企业要发展到非常成熟的后期才具备实施这一营销策略的能力。

(二)文化营销和外部沟通

文化营销与外部沟通也是增强企业运营能力的重要举措。文化营销,就是利用文化进行营销,是指企业营销及相关工作者在企业整体核心价值观的指导下,所塑造的营销形象及所形成的营销观念。外部沟通是指与企业以外的人员及相关部门沟通的过程,包括与企业的投资者、债权人、客户、供应商、监管机构沟通,等等。

文化营销可以帮助移民创业者更好地输出自带的文化特色,扩大移民的影响力,增加社会支持性。良好的外部沟通有助于企业不断改进自己的营销模式和产品质量,扩大公司规模,增强公司的影响力。

1. 文化营销是输出移民创业企业文化的有效举措

企业文化是在环境背景的影响下使企业在实践中形成的被组织内全体成员所认同并遵守的价值观、道德观、行为模式和共同意识的总和。企业文化能够帮助移民创业者更好地确立自身的品牌形象,增强创业企业内外部各个主体之间的凝聚力。文化营销是输出移民创业企业文化的有效举措,是移民企业输出企业文化、增加其认知合法性的有效途径。

1) 文化营销的含义

文化营销是指给予产品、企业、品牌以丰富的个性化的文化内涵。通过该产品的文化内涵来吸引购买者对文化的心理需求,提升其对产品的关注度,从而引导消费群体进行购买行为,以达到企业文化营销的推广（吕妍，2017）。可口可乐之所以如此受到消费者的喜爱，正是因为其独特的配方，可口可乐已经成为美国文化的表现形式，换种口味是不被消费者接受的，这也正是可口可乐的品牌文化价值。

文化营销可以帮助移民创业者更好地输出自带的文化特色，扩大移民的影响力，增加社会支持性。德国著名社会学家 Max Weber（1994）说过："透过任何一项事业的表象，可以在其背后发现有一种无形的、支撑这一事业的时代精神力量；这种以社会精神气质为表现的时代精神，与特定社会的文化背景有着某种内在的渊源关系；在一定条件下，这种精神力量决定着这项事业的成败。"移民创业者将自带的文化与当地文化碰撞、交融，形成文化输出，这种刻在骨子里的文化特色，可以助力创业成功，并对周围人产生影响。

2）文化营销对策

第一，制定有特色的品牌推广计划。移民企业应该对市场有一个清晰的了解，通过调研等方式了解移民地文化习俗，避免发生产品不受欢迎的情况；设置合适的营销目标，在确保产品正常销售的情况下，引导消费者认可企业文化，提高对企业的关注度。

第二，明确移民企业推广目标。移民企业多半服务于具有相同族群背景的客户，移民企业家可以变劣势为优势，强调产品的特殊性与文化价值，不但可以激起移民之间"他乡遇故知"的朴素情感，还可以增加产品的品牌价值和文化内涵。例如，可以设计体现企业文化特色的图标，加深消费者印象。一方面，企业在产品的内在价值和文化附加值方面付出了大量的成本，而这部分成本也需要加入产品的价格中去；另一方面，融入文化元素的产品会大大提升其内在价值，消费者所感受到的产品内涵也更丰富，所以他们也会愿意为多出的这部分价值买单。这种超越传统定价的策略可提升产品溢价能力，消费者愿意多支付的差别性补偿，能使企业获得更多的利润。

第三，拓宽移民企业推广渠道。在实践中，移民企业应感悟文化差异及其变迁，捕捉文化差异带来的市场差异及商业机会，成功拓展移民人群以外的市场。除此之外，还可以借助会展宣传企业产品，拓展品牌影响力，注重产品与企业文化的结合，通过产品增强消费者对企业文化的认同感。企业还可以通过移民原居住地特点，为产品编写一个美好的故事，引起消费者的共鸣。

2. 外部沟通是增强企业运营的有效途径

外部沟通是指与企业外部的人员或组织沟通的过程，企业外部的人员或组织包括企业的投资者、债权人、客户、供应商、监管机构等。外部沟通还可以理解为外部营销，通过外部沟通可以在利益相关者面前树立良好的企业形象，帮助移民企业家更好地融入移民地的市场环境，更多地了解顾客需求和产业链上其他相关企业的定位及需求，增强企业的合法性，为企业扩展社会网络资源、拓宽市场渠道、扩大市场规模奠定基础。由此可见，要想维持企业良性循环发展，外部沟通必不可少。

改善外部沟通，主要有以下三种方法：

第一，熟悉移民地的文化习俗和市场环境，尽快融入移民地的社会网络。移民企业家需要清晰地认识到文化具有地域差异性，应正确对待文化差异性，摆正心态，在面对多种社会因素时，积极地进行自我调适，主动与当地居民进行沟通交流，努力适应当地生产生活方式。理性关注当地政策法规，对当地市场环境有一个清晰的认知，在自我提升与发展的同时，更好地实现与移民地的融合。

第二，通过市场调查，了解当地消费者的需求特点，更有针对性地提供产品和服务。移民创业者开展市场调查，了解当地消费者的需求，可以避免新产品不受欢迎的情况出现。市场调研应贯穿整个创业过程，在后期产品推广过程中，市场调研还可以帮助企业了解竞争对手的情况，保证在后续的竞争中有效占领市场，也不会在出现众多竞争者时手足无措（陈晓，2018）。市场调研还可以帮助移民创业者了解当地市场的发展与要求，为企业的营销运营管理提供有效的数据支持。

第三，跟当地企业合作，加强本地商业网络的融入强度。移民企业家前期由于社会网络关系的变更,与当地商业网络融入程度较差,不能形成良好的外部沟通,不利于企业拓宽供应、销售渠道。因此,移民企业需要加强与当地企业的合作。先做朋友,再做生意,向当地企业家学习(潘今一,2013),建立强有效的企业合作关系,扩大优势,补齐短板。

三、社会网络与资源瓶颈

社会资本是行动者在行动中获取和使用的嵌入在社会网络这一非正式的社会结构中的资源,而这里的资源包括权力、地位、财富、资金、信息等。网络嵌入主要是指创业主体(包括个人与组织)与主要合作伙伴(例如供应商、客户、同行)之间的一种直接社会联结(纽带)关系。社会资本提升有利于增强移民创业者从事创业活动的决心,网络嵌入可以提升社会资本,下面就此做一探讨。

(一)社会资本提升与网络嵌入

1. 社会资本提升

社会资本是创业者凭借自身的社会关系网络来攫取与企业经营管理相关联的内外部信息资源的重要资源。企业社会资本是基于信任与规范而建立的内外部关系资源的总和。外部社会资本包括顾客、供应商、金融机构、科研院所、政府、行业协会及其他产商学研相关组织,内部社会资本是指企业内部的个人或部门拥有的社会资本为组织带来的价值的部分。

社会资本提升,有助于移民创业者更好地获得创业所需的各种资源,包括资金、人力和企业合作资源等。社会资本提升的有效途径是加强网络嵌入,创业者要主动与经销商、供应商、合作者建立起合作关系,从而充分利用市场优势,占据信息与资源的获取优势。创业者还要与不同阶层不同领域,包括与其他企业、技术联盟、金融机构、政府机构等部门,建立广泛的关系网络,还需要不断学习和适应移民地的习俗文化,加强与原住民的联系。这些关系网络最终将形成创业者的社会资本,成为影响创业绩效的重要因素。

2. 网络嵌入

网络嵌入在前面章节也有所涉及,移民创业者需要通过社会网络帮助自己创业,庞大的社会网络的存在使得移民企业家能够嵌入到特殊的网点位置上获得更加全面的信息,增加创业成功的可能性。

移民企业家早期存在嵌入型劣势,主要体现在移民创业过程中面临的两难困境,移民企业需要在移民内部的社会网络与外围的社会网络中建立平衡。移民企业家离开原先的社会网络,面对陌生的生活环境,由于语言习惯、地理文化差异,需要一定时间的适应。这个时期正处于中间人族群理论描述的那样:社会对移民的敌意导致移民不甘心被同化,并致力于保持其陌生人身份,移民内部会构建由移民企业组成的社会网络。这个时期,移民企业家可以利用移民内部社会资本,以低成本的方式实现企业较快发展。

随着企业嵌入程度的加深,与企业相连接的网络节点不断增加,形成了更大规模的社会网络。移民内部社会资本不足以支撑企业的发展,移民企业急需突破移民内部社会网络,扩大商业范围。这时需要发挥弱关系中广度更大、可连接性更强的优势,尽管这种情况下的联结存在较大不确定性,但能最大程度上满足社会网络中的信息交流,使早期的嵌入型劣势转化为后期的桥连优势。从以上分析可以看出,加强网络嵌入可以有效提升社会资本,并且移民创业企业在网络嵌入过程中往往呈现出特有的发展规律。

(二)扩展速度与国际化选择

社会资本与网络嵌入是增强企业发展能力的手段,企业在站稳脚跟之后,又该以何种速度进行发展扩张?是否会带领创业企业走向国际化?海归移民与城市移民为何更倾向于选择国际化?三峡移民与返乡移民为何较少选择国际化？研究这些问题能够使我们更了解移民创业企业的发展战略。

1. 拓展速度

移民企业拓展速度受到很多因素的影响，包括企业的发展策略、市场机会及其他个人及社会因素。一般实施拓展的企业，其拓展途径为：在其创业地域内站稳脚跟，初步拓展，实现多元化发展，在其他地域开设分公司，开拓新领域。这种经营策略相对比较安全，但也限制了拓展的概念，为了克服这些困难，创业企业通过区分商业活动，为不同顾客群提供服务，实现客户细分，为拓展市场提供更多可能。市场机会对于拓展速度也起到了至关重要的作用，移民创业者可以通过质疑规则来创造机会，也可以在局部的小规模范围内引进创新。市场机会的两个维度是必不可少的：可利用性与增长潜力。对于海归创业者来说，其增长潜力较高，意味着市场机会更多。

2. 国际化选择

国际化是企业扩大规模的一个方向。一般来说，海归创业者会倾向于选择国际化，因为他所处的网络节点连接了国内、国外两个社会关系网络。城市移民创业者，因为自身所处的位置也可能有国际化倾向。返乡创业者和三峡移民创业者的国际化选择相对较少，因为他们所处的网络节点连接的网络与国际化环境比较远，但他们可以选择在国内进行跨区域创业，将家乡和当前创业区域的资源进行整合，通过跨区域创业实现企业的扩张。

Oliveira(2007)指出企业家所采取的企业扩展策略是以下三个主要因素之间相互作用的结果：企业家的特征，与成为族群成员有关的机会以及与当地社区运作有关的机会。许多移民企业家决定发展他们的企业，通常会采取以下策略之一：在民族市场内实现多元化，在民族之外进行多元化或进行国际化。Waldinger 及其同事(1990)发现，餐馆、杂货店等民族企业商店是最早在少数民族社区中建立的。当移民社区足够大时，企业家可以区分他们的商业活动，但仍为他们的民族提供产品和服务。这种策略是安全的,但会给开发带来一些严重的限制。为了克服这些限制,移民企业家可能会开始为不同的客户群提供服务。

现阶段,移民创业的国际化拓展更常见于高科技领域。以技术移民和留学生群体为主的技术工作者,先是在科技发达的移民国进行创业,进而再把商机或创业实体引入母国,实现企业的国际化战略。例如,在美国硅谷创业的很多华人、印度人,一旦其所创企业进入稳步发展阶段,就会把在母国开办分支机构或创办相关企业作为企业的发展方向之一。因为其所在行业的领先性、母国丰富的社会网络资源,以及母国作为发展中国家的成本优势,会给移民创业企业带来更大的发展空间和更丰厚的利润。

四、制度约束

制度在构建社会中人与人之间的关系时至关重要。准入制度是政府监管制度的主要内容和核心环节,行业是市场中提供同一类产品的厂商的集合(高剑云,2005)。近些年,在"大众创业、万众创新"的背景下,国家出台了一些创业人才引进政策,为移民创业者提供了制度支持。例如,中央政府出台的面对海外高层次人才的"千人计划",2015年6月国务院办公厅发布的《关于支持农民工等人员返乡创业的意见》,等。通过这些政策,政府在资源、技术、场地等方面大力扶持移民创业。但是当前移民创业仍然存在一系列制度障碍与约束,主要体现在行业准入门槛设置不合理、监管制度有效性有待提高,以及气候、不可抗力等非市场化因素的影响。

移民地的制度特征影响移民企业的发展与绩效,在既定的体制框架下,移民企业应不断学习当地法律规章制度,适应当地非正式的隐形规则以及被默认的行业规范。

（一）行业准入与监管制度

1. 行业准入

行业准入也可以理解为"行业的市场准入"，行业准入包括政府的硬性规定及行业内部利润压缩形成的行业壁垒。政府的行业准入制度用以规范企业进入市场的条件，每个新创企业都面临该问题。但是行业壁垒问题在每个行业不尽相同。有些行业发展已经较为成熟，想要进军这些领域较为困难，客户对某些企业的产品产生依赖性，不同公司之间也建立了必不可分的联系，各个公司将"蛋糕"合理分配，有些大型企业形成规模效益，甚至在整个行业内处于垄断地位，这时再想来分一杯羹，可谓难上加难。那么移民创业者应如何改善行业准入环境呢？本节主要从以下三个方面考虑：

第一，移民企业家应对政府出台的行业准入制度进行深入解读。移民创业企业在进入某一行业之前一定要深入了解当地关于该行业的相关规定。例如，我国对从事煤炭资源开采活动的煤矿企业全面实施许可证管理，想要进入煤炭行业必须要取得煤炭生产许可证。移民企业家应理清当地关于新创企业的要求，包括注册资金、法人基本要求，应着重关注当地关于移民者的特殊政策，包括户籍政策、出入境政策、纳税时间、投资额度等。

第二，不断加强市场知识学习。除了类似从业证书、经营资质这些硬性标准以外，移民创业者还应不断加强自身市场知识的学习，这要求他们克服语言文化等障碍，加强自身能力的提升。在这一过程中，移民企业家建立自己新的社会网络，提升社会资本，增加与当地人非正式沟通的机会，了解客户需求与市场特色，发现有利的网络嵌入点。与当地企业家的沟通至关重要，他们一定程度上代表着行业壁垒的一部分，从与他们的交往中发现该地区、该行业的行业壁垒的形成方式，找寻突破点。

第三，根据创业动机，瞄准细分市场，坚持从客户中来到客户中去的原则，保证企业能够立足并发展。通过上述两个方面，我们可以跨越行业内竞争对手给我们设置的障碍。移民企业家创建企业本身就是一件不容易的事情,跨过一道道门槛就意味着具有了在该地新建企业的资质。好的开头代表着成功的一半,剩下的一半应该从客户中获得。企业应当瞄准自己的细分市场,不断挖掘新客户,有了客户才有了发展源泉,才能保证企业在该行业长足发展。

2. 监管制度

从广义来说,监管意为"管制者基于公共利益或其他目的依据既有的规则对被管制者的活动进行的限制,随着人类社会的产生而产生,是普遍存在的"(曾国安,2004)。从狭义上来说,监管制度一般与"政府监管"相联系,是指以政府为主导的相关部门对市场相关行为进行监督管理。政府监管是为了解决市场失序而存在的,市场是一双无形的手,当市场无法起到合理的资源分配的作用时,就需要政府介入,防止资源配置的低效,对企业的投资、服务、财会、消费者安全等进行管理。

政府对移民创业的监管涉及方方面面,包括产品质量监管、税务监管、金融监管等。政府加强监管能够避免市场鱼龙混杂,增强市场稳定性,但也会给移民企业增加很多压力,增加企业行政审批程序(兰博宇,2018)。移民企业要适应这种环境,主要是从以下两个方面入手:

第一,对监管制度有清晰的认知。移民创业者刚步入一个陌生的市场环境,要先了解新环境的游戏规则,避免企业在发展过程中被亮黄牌。移民创业者需要着重注意迁出地与迁入地监管制度的差异,防止企业家做出错误的判断,导致企业发展偏离正确方向。对监管制度有一个清晰的了解,还可以增强竞争能力,防止竞争对手打擦边球的情况。移民企业家可以通过参加政府组织的培训活动来提升对监管制度的了解,政府的培训活动必定是依据当前移民创业的最新规定来展开的,移民企业家在该过程中有任何不懂的问题都会由一个权威机构来解答,避免信息不对称。

第二,根据监管制度制定应对措施。被监管是每个公司都面临的问题,制定相应的应对措施可以有效减轻监管制度带来的不便。例如,移民创业者需要根据监管制度制定相应的内部管理规章,在员工培训时重视培养员工该方面能力,帮助企业简化行政审批、监督管理程序;了解移民企业在政府监管方面相对弱势的地方,通过完善企业部门职能,增强企业合法性,保证企业符合监管规定。除此之外,监管制度对于每个行业来说不尽相同,且有侧重点。移民企业家应根据自身所处行业来制定具体的监管应对措施。例如,食品加工业更侧重于对食品安全与质量的应对监管;互联网金融行业更侧重于对支付安全环境的应对监管。移民企业家还应注意到,制定严格的监管措施可以避免竞争对手利用不法手段恶意竞争,可以为移民企业家营造一个公正安全的营销环境,保证自身权益。

(二)非市场化因素的影响

移民创业过程中也会受到许多非市场化因素的影响,这些因素的影响往往会给移民创业者带来意想不到的打击。非市场这一概念是由 Hirschman(1958)最先提出的,他认为所有组织都会衰落,需要用非市场力量,即政治机制,对它们进行矫正。但是相对于市场因素紧紧围绕市场交易、供给与需求而言,非市场因素本身是一个复杂体系。西方学界主要是从各种非市场战略形态,如企业政治战略、媒体及公众战略、企业社会责任行为等,与企业非市场战略模式和不同环境中的非市场战略等方面进行研究。同时,非市场化因素还包括一些偶然性因素,比如2003年的"非典"、2008年的全球金融危机和雪灾、2009年的甲型 H1N1 流感以及最近爆发的新冠肺炎等。对企业管理者而言,非市场因素对企业发展的直接性影响越来越大。

移民创业者在考虑市场化因素的同时,也要尽可能避免非市场化因素的影响。这主要是从以下两个方面解决:

第一,对于移民创业者能够预料到的非市场化因素,及时沟通修正。能够预料到的非市场化因素包括外部法律环境、其他利益相关者或竞争对手曝出的丑闻等。海归创业者尤其要关注外部法律环境对创业的影响,移民创业者进入某一行业,需参照执行国内或当地的法律、法规和其他规章制度,这主要涉及企业经营合法性问题。其他利益相关者与竞争对手应该是移民创业者们在前期就重点关注的对象,不同企业之间竞争不足为奇,但也要防范恶意竞争、不正当竞争手段。移民创业企业起初规模较小,抗风险能力较差,遇到此类非市场化因素影响,需要和政策制定单位或机构互相沟通,建立良好的信息交流通道,及时传达和反馈各方意见,从而修正决策。

第二,对于不能预料的非市场化因素要及时做出调整,避免更大的损失。不能预料的非市场化因素一般都是偶然性因素,例如"非典"、新冠肺炎等,一旦发生这种事情,对于服务业,尤其对刚创建的公司影响非常大,容易导致移民创业者的公司资金链断裂,甚至破产。这时需要移民创业者及时做出调整,避免更严重的损失发生。例如,新冠疫情爆发期间,城市移民创业者可以转向新媒体宣传,也可以利用直播等形式进行宣传。企业还可以通过买保险的方式预防非市场化因素的影响,企业在因不可抗力遭受重大损失时,能够在一定程度上获得补偿,有效地帮助企业渡过危机。

五、本章回顾

本章主要从四个方面论述了移民创业面临的困境。由于社会网络变更、语言文化等差异,移民企业家在创业之初面临人力、经济等资源匮乏的问题。同时移民企业家面对陌生的营商环境,又受到移民地法律监管制度、行业准入规则等限制,相较于移民地本土企业多了许多"独特"问题,国际化道路举步维艰。然而,移民创业企业本身及相关外部政策都有着一般企业无法比拟的优势,移民企业家可以化劣势为优势,通过不断学习移民地相关法律制度及文化习惯,嵌入或重建当地社会关系网络,利用先进的经验、知识技能,扩大公司规模,转变企业家身份认知,建立移民企业文化品牌,促进企业长期稳定发展。

参 考 文 献

[1] Aguilar J. Scanning the Business Environment [M]. New York: Macmillan Company,1967.

[2] Ajzen I. The Theory of Planned Behavior. Organizational Behavior and Human Decision Processes, 1991, 50(2): 179-211.

[3] Al-Dajani H, Carter S, Shaw E, et al. Entrepreneurship among the Displaced and Dispossessed: Exploring the Limits of Emancipatory Entrepreneuring [J]. British Journal of Management, 2015, 26(4):713-730.

[4] Al-Dajani H, Marlow S. Impact of women's home-based enterprise on family dynamics: Evidence from Jordan[J]. International Small Business Journal, 2010, 28(5):470-486.

[5] Angrist J D, Keueger A B. Does Compulsory School Attendance Affect Schooling and Earnings? [J]. Quarterly Journal of Economics, 1991, 106(4):979-1014.

[6] Aspelund A, Madsen K, et al. A review of the foundation, international marketing strategies, and performance of international new ventures [J]. European Journal of Marketing, 2007, volume 41(11-12):1423-1448.

[7] Azmat F, Fujimoto Y. Family embeddedness and entrepreneurship experience: A study of Indian migrant women entrepreneurs in Australia[J]. Entrepreneurship & Regional Development, 2016,28(9-10):630-656.

[8] Bailey T, Waldinger R. Primary, secondary, and enclave labor markets: A training system approach[J].American Socio-logical Review, 1991, 56(4):432-445.

[9] Barnard H, Pendock C. To share or not to share: The role of affect in knowledge sharing by individuals in a diaspora[J]. Journal of International Management,

2013, 19(1):47-65.

[10] Baron A, Tang J, Tang Z, et al. Bribes as entrepreneurial actions: Why underdog entrepreneurs feel compelled to use them[J]. Journal of Business Venturing, 2018,33(6): 679-690.

[11] Barrett R, Vershinina N. Intersectionality of Ethnic and Entrepreneurial Identities: A Study of Post-War Polish Entrepreneurs in an English City[J]. Journal of Small Business Management, 2017, 55(3): 430-443.

[12] Basu A. An Exploration of Entrepreneurial Activity among Asian Small Businesses in Britain[J]. Small Business Economics, 1998, 10(4):313-326.

[13] Bates T, Robb A. Greater Access to Capital Is Needed to Unleash the Local Economic Development Potential of Minority-Owned Businesses[J]. Economic Development Quarterly, 2013, 27(3):250-259.

[14] Bates T, Bradford D. Factors Affecting New Firm Success and Their Use in Venture Capital Financing[J]. Journal of Entrepreneurial Finance, 1992, 2(1): 23-38.

[15] Bates T, Dunham R. Asian-American Success in Self-Employment[J]. Economic Development Quarterly, 1993, 7(2):199-214.

[16] Bates T. November Entrepreneurial human capital inputs and small business longevity [J].The Review of Economics and Statistics,1990,72 (4): 551-559.

[17] Bates T. Social resources generated by group support networks may not be beneficial to Asian immigrant-owned small businesses[J].Social Forces, 1994, 72 (3): 671-689.

[18] Baumol J, Strom J. Entrepreneurship and Economic Growth. Strategic Entrepreneurship Journal, 2007, 1(3-4): 233-237.

[19] Baycan-Levent T, Nijkamp P. Characteristics of migrant entrepreneurship in Europe[J]. Entrepreneurship & Regional Development, 2009, 21(4):375-397.

[20] Becker G S. Human Capital: A Theoretical and Empirical Analysis with Special Reference to Education, Third Edition[J]. NBER Books, 1994, 18(1):556.

[21] Bengtsson O, Hsu H. Ethnic Matching in the U.S. Venture Capital Market[J]. Journal of Business Venturing, 2015, 30(2):338-354.

[22] Benzing C, Chu H M, Callanan G. A REGIONAL COMPARISON OF THE

MOTIVATION AND PROBLEMS OF VIETNAMESE ENTREPRENEURS [J]. Journal of Developmental Entrepreneurship, 2005, 10(01):3-27.

[23] Bhagavatula S, Elfring T, Tilburg A V, et al. How social and human capital influence opportunity recognition and resource mobilization in India's handloom industry[J]. Journal of Business Venturing, 2010, 25(3):245-260.

[24] Bizri M. Refugee-entrepreneurship: a social capital perspective [J]. Entrepreneurship & Regional Development, 2017, 29(9-10):1-22.

[25] Boden R J, Nucci A R. On the survival prospects of men\"s and women\"s new business ventures[J]. 2000, 15(4):0-362.

[26] Bonacich E. "Making it" in America: A social evaluation of the ethics of immigrant entrepreneurship. Sociological Perspectives, 1987, 30(4):446-466.

[27] Borjas G J, Tienda M. The economic consequences of immigration[J]. ence, 1987, 235(4789): 645-651.

[28] Bourdieu P. The forms of capital. In J. Richardson (Ed.). Handbook of Theory and Research for the Sociology of Education,1986, 241-258.

[29] Brooks D. The American Dream[N].New York Times, 2004-02-24.

[30] Brzozowski J, Cucculelli M, Surdej A. Transnational ties and performance of immigrant entrepreneurs: the role of home-country conditions [J]. Entrepreneurship & Regional Development, 2014, 26(7-8):546-573.

[31] Burt S. The Network Structure of Social Capital[N]. Social Network and Social Capital Conference, Duke University, Durham, N. C, 1998.

[32] Burt S. The social structure of competition[M]. Cambridge: Harvard University Press, 1992.

[33] Campbell A A. Beyond the demographic transition[J]. Demography, 1974, 11 (4):549-561.

[34] Carbonell J R, Hernandez J C P, Garcia F J L. Business creation by immigrant entrepreneurs in the valencian community. The influence of education [J]. International Entrepreneurship & Management Journal, 2014, 10(2):409-426.

[35] Carpenter A, Geletkanycz A, Sanders G. Upper Echelons Research Revisited: Antecedents, Elements, and Consequences of Top Management Team Composition[J]. Journal of Management, 2004, 30(6):749-778.

[36] Carter S, Mwaura S, et al. Barriers to ethnic minority and women's enterprise: Existing evidence, policy tensions and unsettled questions[J]. International Small Business Journal, 2015, 33(1):49-69.

[37] Cassarino P. Theorising return migration: the conceptual approach to teturn migrationsrevisited[J]. Intional Journal on Multicultural Societies, 2004,6(2): 253-279.

[38] Castles S, Miller J. The Age of Migration: International Population Movements in the Modern World[M]. London: Palgrave Macmillan Limited,2009.

[39] Cerulo K A. Identity Construction: New Issues, New Directions[J]. Annual Review of Sociology, 1997, 23:385-409.

[40] Chaganti R, Greene G. Who Are Ethnic Entrepreneurs? A Study of Entrepreneursapos; Ethnic Involvement and Business Characteristics. Journal of Small Business Management, 2002, 40(2):126-143.

[41] Chand M, Ghorbani M. National culture, networks and ethnic entrepreneurship: A comparison of the Indian and Chinese immigrants in the US[J]. International Business Review, 2011, 20(6):593-606.

[42] Cheng S. Potential lending discrimination? Insights from small business financing and new venture survival[J]. Journal of Small Business Management, 2015, 53 (4): 905-923.

[43] Chu P C, Spires E E. Perceptions of accuracy and effort of decision strategies[J]. Organizational Behavior and Human Decision Processes, 2003, (2):91.

[44] Churchill S A. Sustainability and depth of outreach: Evidence from microfinance institutions in sub-Saharan Africa[J]. Development Policy Review, 2017, 36 (S2):676-695.

[45] Churchill S. Fractionalization, entrepreneurship, and the institutional environment for entrepreneurship[J]. Small Business Economics, 2017, 48(3):1-21.

[46] Clark K, Drinkwater S, Robinson C. Self-Employment amongst Migrant Groups in England and Wales: New Evidence from Census Microdata[J]. Small Business Economics, 2017, 48(4):1047-1069.

[47] Clercq D, Lim K, Oh H. Individual-Level Resources and New Business Activity: The Contingent Role of Institutional Context[J]. Entrepreneurship Theory &

Practice, 2013, 37(2):303-330.

[48] Coelho G V, Ahmed P I. Uprooting and Development[M]. New York: Springer US, 1980.

[49] Collins J, Low A. Asian female immigrant entrepreneurs in small and medium-sized businesses in Australia[J]. Entrepreneurship & Regional Development, 2010, 22(1):97-111.

[50] Constant A, Kahanec M, Zimmermann K. Attitudes towards immigrants, other integration barriers, and their veracity[J]. International Journal of Manpower, 2009, 30(1/2):5-14.

[51] Creed D, Scully A, Austin R. Clothes Make the Person? The Tailoring of Legitimating Accounts and the Social Construction of Identity[J]. Organization ence, 2002, 13(5):475-496.

[52] Cressy R. Credit rationing or entrepreneurial risk aversion? An alternative explanation for the Evans and Jovanovic finding[J]. Economics Letters, 2000, 66 (2): 235-240.

[53] Cuervo A. Individual and Environmental Determinants of Entrepreneurship[J]. International Entrepreneurship & Management Journal, 2005, 1(3): 293-311.

[54] Cull R, Xu L C. Institutions, Ownership, and Finance: The Determinants of Profit Reinvestment among Chinese Firms.Journal of Financial Economics, 2005, 77(1): 117-146.

[55] Czamanski D, Mesch S. Occupational closure and immigrant entrepreneurship: Russian Jews in Israel[J]. Journal of Socio-Economics, 1997, 26(6): 597-610.

[56] Dana L. An inquiry into culture and entrepreneurship: Case studies of business creation among immigrants in Montreal[J]. Journal of Small Business & Entrepreneurship, 1993, 10(4):16-31.

[57] Dana L P. Handbook of research on ethnic minority entrepreneurship. A co-evolutionary view on resource management. Cheltenham, UK: Edward Elgar, 2007.

[58] Deci E L, Koestner R. The Undermining Effect Is a Reality After All—Extrinsic Rewards, Task Interest, and Self-Determination[J]. Psychological Bulletin, 1999, 125(6):692-700.

［59］Decker R, Haltiwanger J, Jarmin R, et al. The Role of Entrepreneurship in US Job Creation and Economic Dynamism［J］. Journal of Economic Perspectives, 2014, 28(3):3-24.

［60］DESASD (Department of Economic and Social Affairs Statistics Division, UN): Recommendations on Statistics of International Migration. Statistical Papers Series M, No.58, Rev.1.New York:United Nations, 1998, p.17.

［61］Dollinger M J. Entrepreneurship:Strategies and Resources［M］. Prentice Hall, 1995.

［62］Dovidio F, Love A, Schellhaas M, et al. Reducing intergroup bias through intergroup contact:Twenty years of progressand future directions［J］. Group Processes&Intergroup Relations, 2017, 20(5):606-620.

［63］Down S, Warren L. Constructing narratives of enterprise: cliches and entrepreneurial self-identity. International Journal of Entrepreneurial Behaviour and Research, 2008, 14(1):4-23.

［64］Drori I, Honig B, Wright M. Transnational Entrepreneurship: An Emergent Field of Study［J］. Entrepreneurship Theory & Practice, 2010, 33(5):1001-1022.

［65］Dubrow, Joshua Kjerulf. How Can We Account for Intersectionality in Quantitative Analysis of Survey Data? Empirical Illustration for Central and Eastern Europe［J］. Ask Research & Methods, 2008, 17(17):85-100.

［66］Edwina Pio. Gurus and Indian Epistemologies［J］. Journal of Management Inquiry, 2007, 16(2):180-192.

［67］Elizur S D. Achievement motive and entrepreneurial orientation: a structural analysis［J］. Journal of Organizational Behavior, 1999, 20(3):375-387.

［68］Emilio A, Parrado S, Philip M. Intergenerational Fertility Among Hispanic Women: New Evidence of Immigrant Assimilation［J］. Demography, 2008, 45 (3):651-671.

［69］Engelen E. 'Breaking in' and 'breaking out': A Weberian approach to entrepreneurial opportunities［J］. Journal of Ethnic & Migration Studies, 2001, 27(2):203-223.

［70］ESCAP (Economic and Social Commission for Asia and the Pacific):Expert Group Meeting on ESCAP Regional Census Programme: Country Paper on

International Migration Statistics-India, 2006:2.

[71] Essers C, Benschop Y, Doorewaard H. Female Ethnicity: Understanding Muslim Immigrant Businesswomen in The Netherlands[J]. Gender Work and Organization, 2010, 17(3):320-339.

[72] Essers C, Benschop M. Enterprising Identities: Female Entrepreneurs of Moroccan or Turkish Origin in the Netherlands[J]. Organization Studies, 2007, 53(1):49-69.

[73] Evans R.Immigrant entrepreneurship: Effects of ethnic markets size and isolated labor pool[J]. American Sociological Review, 1989, 54(6):950-962.

[74] Evans S, Leighton S. Some Empirical Aspects of Entrepreneurship[J]. American Economic Review, 1989,79:519-535.

[75] Fairlie R W, Lofstrom M. Immigration and Entrepreneurship[J]. Handbook of the Economics of International Migration, 2015, 1:877-911.

[76] Fetahu E, Bejtja I. Immigrant entrepreneur challenges toward trade Europeanization[R]. The dynamics of Al-banian experience in the province of Milan,Italy,2014.

[77] Flap D. Creation and retuns of social capital[J]. La Revue Tocqueville, 1999,20: 1-22.

[78] Francesco M. Immigrants and transnational engagement in the diaspora: Ghanaian associations in Italy and the UK[J]. African & Black Diaspora An International Journal, 2013, 6(2):131-144.

[79] Fraser S. Is there ethnic discrimination in the UK market for small business credit?[J]. International Small Business Journal, 2009,27(5):583-607.

[80] Frauke M. Transnational Strategies of Polish Migrant Entrepreneurs in Trade and Small Business in Berlin[J]. Journal of Ethnic & Migration Studies, 2008, 34 (5):753-770.

[81] Fregetto E. Immigrant and ethnic entrepreneurship: a U. S. perspective[M]// Welsch H P. Entrepreneur-ship: the way ahead. New York: Routledge, 2004: 253-268.

[82] Giannetti, M, Simonov, A. On the determinants of entrepreneurial activity: Social norms, economic environment and individual characteristics [J]. Ssrn

Electronic Journal, 2011, 11(2): 953-965.

[83] Gill R, Larson G S. Making the ideal (local) entrepreneur: Place and the regional development of high-tech entrepreneurial identity[J]. Human Relations, 2014, 67(5):519-542.

[84] Gold S J. The Politics of Diversity: Immigration, Resistance, and Change in Monterey Park, California (review)[J]. Journal of Asian American Studies, 1998, 1(1):107-109.

[85] Granovetterm S. The strength of weakties [J]. American Journal of Sociology, 1973(6): 1360-1380.

[86] Granovetterm S. Economic action and social structure: The problem of embeddedness[J]. American Journal of Sociology, 1985(3):481-510.

[87] Hadas N, Hershkowitz R, Schwarz B. The role of contradiction and uncertainty in promoting the need to prove in Dynamic Geometry environments [J]. Educational Studies in Mathematics, 2000, 44(1):127-150.

[88] Hamilton R., Dana L P, Benfell C. Changing cultures: An international study of migrant entrepreneurs[J]. Journal of Enterprising Culture, 2008, 16(1):89-105.

[89] Heilbrunn S, Kushnirovich N. Immigrant and indigenous enterprises: similarities and differences[J]. International Journal of Business Performance Management, 2007, 9(3):344-361.

[90] Heinonen J, Hytti U. An analysis of differences and similarities between native and non-native Finnish entrepreneurs and the need for support in these groups [EB/OL]. http://old.nhh.no/conferences/nff/ track-program.html, 2007.

[91] Ibarra H, Barbulescu R. Identity As Narrative: Prevalence, Effectiveness, and Consequences of Narrative Identity Work in Macro Work Role Transitions[J]. Academy of Management Review, 2010, 35(1):135-154.

[92] Hirschman A O, Gerald S. Investment Criteria and Capital Intensity Once Again [J]. Quarterly Journal of Economics, 1958(3):469-471.

[93] Hoang H, Gimeno J. Becoming a founder: How founder role identity affects entrepreneurial transitions and persistence in founding[J]. Journal of Business Venturing, 2010, 25(1):41-53.

[94] Hofstede G. Culture's consequences: Comparing values, behaviors, institutions, and

organizations across nations (2nd ed.) [M].Thousand Oaks, CA: Sage, 2001.

[95] Holtz-Eakin D, Joulfaian D, Rosen H S. Sticking it Out: Entrepreneurial Survival and Liquidity Constraints[J]. Social ence Electronic Publishing, 1993, 102(1):53-75.

[96] Holtz-Eakin D. Public Policy Toward Entrepreneurship [J]. Small Business Economics, 2000, 15(4):283-291.

[97] Hopp C, Martin J. Does entrepreneurship pay for women and immigrants? A 30 year assessment of the socio-economic impact of entrepreneurial activity in Germany[J]. entrepreneurship & regional development, 2017, 29(5-6):517-543.

[98] Hornaday J A, Bunker C S. The Nature of The Entrepreneur[J]. Personnel Psychology, 2010, 23(1):47-54.

[99] Horton J. The Politics of Diversity. 1995:108.

[100] Hoselitz B F. Sociological aspects of economic growth[M]. New York: The Free Press of Glencoe,1964.

[101] Hube T, Blalock M. Toward a theory of minority-group relations[M]. New York: Wiley,1967.

[102] Hummon D M,Abrahamson M. Urban enclaves: identity and place in America [J].Contemporary Sociology,1996, 25(6):781-782.

[103] Hummon R B D M. Urban Enclaves: Identity and Place in America. by Mark Abrahamson[J]. Contemporary Sociology, 1996, 25(6):781-782.

[104] Huntington S. Who Are We? The Challenges to A-merica's National Identity [M].New York: Simon &Schuster, 2004.

[105] Hurst E, Lusardi A. Liquidity Constraints, Household Wealth, and Entrepreneurship[J]. Social ence Electronic Publishing,2012, 58(2):279-306.

[106] Hyrsky K. Entrepreneurship: metaphors and related concepts [J]. Journal of Enterprising Culture, 1998, 06(04):391-412.

[107] Ibarra H, Barbulescu R. Identity As Narrative: Prevalence, Effectiveness, And Consequences of Narrative Identity Work In Macro Work Role Transitions[J]. Academy of Management Review, 2010, 35(1):135-154.

[108] Icek A. The theory of planned behavior[J]. Organizational Behavior & Human Decision Processes, 1991, 50(2):179-211.

[109] Jianakoplos N A, Bernasek A. Are Women More Risk Averse? [J]. 1998, 36 (4):620-630.

[110] Jiao H, Cui Y, Wei J. An empirical study on paths to develop dynamic capabilities: From the perspectives of entrepreneurial orientation and organizational learning[J]. Frontiers of Business Research in China, 2010, 4 (1):47-72.

[111] Jock C. Cultural diversity and entrepreneurship: policy responses to immigrant entrepreneurs in Australia[J]. Entrepreneurship & Regional Development, 2003, 15(2):137-149.

[112] John G. Richardson. Handbook of Theory and Research for the Sociology of Education[J]. Contemporary Sociology, 1986, 16(6):11-23.

[113] Jones T, Ram M, Edwards P, et al. Mixed embeddedness and new migrant enterprise in the UK[J]. Entrepreneurship & Regional Development, 2014, 26 (5-6):500-520.

[114] Kalnins A, Chung W. Social capital, geography, and survival: Gujarati immigrant entrepreneurs in the US lodging industry[J]. Management Science, 2006,52(2):233-247.

[115] Kanas A, Tubergen F, Lippe T. Immigrant Self-Employment[J]. Work & Occupations, 2009, 36(3):181-208.

[116] Katila S, Wahlbeck O. The role of (transnational) social capital in the start-up processes of immigrant businesses: The case of Chinese and Turkish restaurant businesses in Finland[J]. International Small Business Journal, 2012, 30(3): 294-309.

[117] Kloosterman C. Matching opportunities with resources: A framework for analyzing (migrant) entrepreneurship from a mixed embeddedness perspective [J].Entrepreneurship and Regional Development, 2010,22(1):25-45.

[118] Kloosterman R, Leun J V D, Rath J. Mixed Embeddedness: (In) formal Economic Activities and Immigrant Businesses in the Netherlands [J]. International Journal of Urban & Regional Research, 2010, 23(2):252-266.

[119] Kloosterman R, Rath J. Immigrant entrepreneurs in advanced economies: Mixed embeddedness further explored[J]. Journal of Ethnic & Migration Studies, 2001, 27(2):189-201.

[120] Kloosterman R C. Matching opportunities with resources: A framework for analysing (migrant) entrepreneurship from a mixed embeddedness perspective [J]. Entrepreneurship & Regional Development, 2010, 22(1):25-45.

[121] Kolstad I, Wiig A. Education and Entrepreneurial Success[J]. Small Business Economics, 2015, 44(4):783-796.

[122] Koning J, Verver M. Historicizing the 'ethnic' in ethnic entrepreneurship: The case of the ethnic Chinese in Bangkok[J]. Entrepreneurship & Regional Development, 2013, 25(5):325-348.

[123] Kostova T, Roth K. Adoption of an Organizational Practice by Subsidiaries of Multinational Corporations: Institutional and Relational Effects[J]. Academy of Management Journal, 2002, 45(1):215-233.

[124] Kruegerjr N F, Reilly M D, Carsrud A L. Competing Models of Entrepreneurial Intention[J]. Journal of Business Venturing, 2000, 15(5-6):411-432.

[125] Kuratko D F, Hornsby J S, Naffziger D W. An Examination of Owner's Goals in Sustaining Entrepreneurship[J]. Journal of Small Business Management, 1997, 35(1):24-33.

[126] Lechler T. Social Interaction: A Determinant of Entrepreneurial Team Venture Success[J]. Small Business Economics, 2001, 16(4):263-278.

[127] Leung, H. System identification using chaos with application to equalization of a chaotic modulation system[J]. IEEE Transactions on Circuits & Systems I Fundamental Theory & Applications, 2002, 45(3):314-320.

[128] Li W. Contemporary Chinese America: Immigration, Ethnicity, and Community Transformation[D]. By Min Zhou. Philadelphia: Temple University Press, 2009.

[129] Light I, Bonacich E. Immigrant Entrepreneurs: Koreans in Los Angeles, 1965-1982[M]. Univ of California Press, 1988.

[130] Light I, Rezaei S, Dana L P. Ethnic minority entrepreneurs in the international carpet trade: an empirical study[J]. International Journal of Entrepreneurship

&. Small Business, 2013, 18(2):125-153.

[131] Light I.Ethnic Enterprise in America[M].University of California Press, 1972.

[132] Lin X, Yang X. From human capital externality to entrepreneurial aspiration: Revisiting the migration-trade linkage[J].Journal of World Business, 2017,52 (3): 360-371.

[133] Liu W, Zhang H, Li J, et al. Research and Practice of Online Teaching in Construction Training Courses Against the Background of COVID-19 Epidemic [C]// 2020 International Conference on Social Science, Economics and Education Research (SSEER 2020). 2020.

[134] Lofstrom M. Immigrant entrepreneurship: Trends and contributions[J]. Cato J., 2017, 37: 503.

[135] Lombard K V. Female self-employment and demand for flexible, nonstandard work schedules[J]. Economic Inquiry, 2010, 39(2):214-237.

[136] Lorraine W. Images of entrepreneurship: Still searching for the hero? [J]. International Journal of Entrepreneurship &. Innovation, 2005, 6(4):221-229.

[137] Lumpkin G T, Dess G G. Clarifying the Entrepreneurial Orientation Construct and Linking it to Performance[J]. Academy of Management Review, 1996, 21 (1):135-172.

[138] Lyer G, Shapiro J. Ethnic entrepreneurial and marketing systems: Implications for the global economy[J]. Journal of International Marketing, 1999, 7(4): 83-110.

[139] Mariassunta G, Andrei S. On the Determinants of Entrepreneurial Activity: Individual Characteristics, Economic Environment, and Social Norms[J]. Ssrn Electronic Journal, 2011, 11(2):953-965.

[140] Marina Dabic. Immigrant entrepreneurship: A review and research agenda[J]. Journal of Business Research, 2020(113):25-38.

[141] Marvel M R, Davis J L, Sproul C R. Human Capital and Entrepreneurship Research: A Critical Review and Future Directions[J]. Entrepreneurship: Theory and Practice, 2016:599-626.

[142] Matlay H. Effectuation: Elements of Entrepreneurial Expertise[J]. Journal of Small Business and Enterprise Development, 2008, 15(3):87-102.

[143] Mcmullen J S, Shepherd D A. Entrepreneurial Action And The Role Of Uncertainty In The Theory Of The Entrepreneur[J]. The Academy of Management Review, 2006, 31(1):132-152.

[144] Miriam, Bird, Karl, et al. Why family matters: The impact of family resources on immigrant entrepreneurs' exit from entrepreneurship[J]. Journal of Business Venturing, 2016,31(6):687-704.

[145] Morris M, Schindehutte M, Allen J. The entrepreneur's business model: toward a unified perspective[J]. Journal of Business Research, 2005, 58(6): 726-735.

[146] Moshman D.Adolescent Psychological Development: Rationality, Morality, and Identity[J]. Adolescent Development, 2005, 103(1):52-54.

[147] Murzacheva E, Sahasranamam S, Levie J. Doubly Disadvantaged: Gender, Spatially Concentrated Deprivation and Nascent Entrepreneurial Activity[J]. European Management Review, 2019,17(2):1-17.

[148] Naffziger D W, Hornsby J S, Kuratko D F. A Proposed Research Model of Entrepreneurial Motivation[J]. Entrepreneurship Theory & Practice, 1994, 18(3):29-42.

[149] Naffziger D W, Hornsby J S, Kuratko D F. A Proposed Research Model of Entrepreneurial Motivation[J]. Entrepreneurship Theory & Practice, 1994, 18(3):29-42.

[150] Nahapiet J, Ghoshal S. Social capital, intellectual capital, and the organizational advantage[J]. Academy of Management Review, 1998, 23(2):242-266.

[151] Nazareno J, Zhou M, You T. Global dynamics of immigrant entrepreneurship: Changing trends, ethnonational variations, and reconceptualizations[J]. International Journal of Entrepreneurial Behaviour & Research, 2019, 25(5): 780-800.

[152] Ndofor H A, Priem R L. Immigrant Entrepreneurs, the Ethnic Enclave Strategy, and Venture Performance[J]. Journal of Management, 2011, 37(3): 790-818.

[153] Nee V, Sanders J. Understanding the diversity of immigrant incorporation: A forms-of-capital model. Ethnic and Racial Studies, 2001, 24(3):386-411.

[154] North D C. Institutions, institutional change and economic performance. Cambridge University Press, 1990.

[155] Oded, Galor, et al. The probability of return migration, migrants' work effort, and migrants' performance[J]. Journal of Development Economics, 1991, 35: 399-405.

[156] Oliveira C R. Understanding the diversity of immigrant entrepreneurial strategies, 2007.

[157] Paolo B. Social Capital and Self-Employment[J]. International Sociology, 2003, 18(4):681-701.

[158] Philipowski K. Aura und Auratisierung. Mediologische Perspektiven im Anschluss an Walter Benjamin ed. by Ulrich Johannes Beil et al. (review)[J]. Seminar: A Journal of Germanic Studies, 2016, 52(2):242-245.

[159] Pio E, Essers C. Professional Migrant Women Decentring Otherness: A Transnational Perspective[J]. British Journal of Management, 2014, 25(2): 252-265.

[160] Pio E. Gurus and Indian Epistemologies[J]. Journal of Management Inquiry, 2007, 16(2):180-192.

[161] Portes A, Guarnizo L, Haller W. Transnational entrepreneurs: An alternative form of immigrant economic adaptation[J]. American Sociological Review, 2002, 67(2): 278-298.

[162] Portes A, Jensen L. The enclave and the entrants: Patterns of ethnic enterprise in Miami and After Mariel [J]. American Sociological Review, 1989, 54 (December): 929-949.

[163] Portes A, Zhou M. The New Second Generation: Segmented Assimilation and Its Variants[J]. The Annals of the American Academy of Political and Social ence, 1993, 530:74-98.

[164] Putnam R D. E Pluribus Unum: Diversity and Community in the Twenty-first Century The 2006 Johan Skytte Prize Lecture [J]. Scandinavian Political Studies, 2010, 30(2):137-174.

[165] Raijman, Rebeca, Tienda, et al. Immigrants' Pathways to Business Ownership: A Comparative Ethnic Perspective[J]. International Migration Review, 2000, 34

(3):681-705.

[166] Read S, Song M, Smit W. A meta-analytic review of effectuation and venture performance[J]. Journal of Business Venturing, 2009, 24(6):573-587.

[167] Reitz J G, Banerjee R, Phan M, et al. Race, Religion, and the Social Integration of New Immigrant Minorities in Canada1[J]. International Migration Review, 2009, 43(4):695-726.

[168] Rezaei S, Goli M.Norm divergence opportunity structure and utilization of self-employed immigrants' qualifications[J].Journal of Social Sciences, 2009, 5(3): 163-176.

[169] Richard M. The Effects of Educational Externalities on Maize Production in Rural Malawi[J]. Oxford Development Studies, 2015, 43(4):508-532.

[170] Robert, Kloosterman, Joanne, et al. Mixed Embeddedness: (In) formal economic activities and immigrant businesses in the Netherlands [J]. International Journal of Urban and Regional Research, 1999,23(2):252-266.

[171] Robichaud Y, Mcgraw E, Roger A. Towards the Development of a Measuring Instrument for Entrepreneurial Motivations [J]. Journal of Developmental Entrepreneurship, 2001, 6(2):189-201.

[172] Rouse C, Goldin C. Orchestrating Impartiality: The Impact of "Blind" Auditions on Female Musicians[J]. American Economic Review, 2000, 90(4): 715-741.

[173] Ryan R M, Deci E L. Intrinsic and Extrinsic Motivations: Classic Definitions and New Directions[J]. Contemp Educ Psychol, 2000, 25:54-67.

[174] Sanders J, NEE V. Immigrant self-employment: The family as social capital and the value of human capital[J]. American Sociological Review, 1996,61(2): 231-249.

[175] Sanders J M, Victor N. Immigrant Self-Employment: The Family as Social Capital and the Value of Human Capital[J]. American Sociological Review, 1996,61(2):231-249.

[176] Sarasvathy S D, Dew N. Entrepreneurial logics for a technology of foolishness [J]. Scandinavian Journal of Management, 2005, 21(4):385-406.

[177] Sarasvathy S D. Causation and Effectuation: Toward a Theoretical Shift from

Economic Inevitability to Entrepreneurial Contingency [J]. Academy of Management Review, 2001, 26(2):243-263.

[178] Schroder E, Schmitt-Rodermund E, Arnaud N. Career Choice Intentions of Adolescents With a Family Business Background[J]. Family Business Review, 2011, 24(4):305-321.

[179] Schubert R, Brown M. Gysler M. Financial Decision-Making: Are Women Really More Risk Averse? [J]. American Economic Review, 1999,89(2):381-385.

[180] Scott W R. Institutional theory: Contributing to a theoretical research program. In Smith K G, Hitt M A(Eds.). Great minds in management (pp. 460-484). Oxford,UK: Oxford University Press, 2005.

[181] Segal G, Borgia D, Schoenfeld J. International Journal of Entrepreneurial Behavior & Research The motivation to become an entrepreneur [J]. International Journal of Entrepreneurial Behavior & Research, 2005, 11(1):42-57.

[182] Sepulveda L, Syrett S, Lyon F. Population superdiversity and new migrant enterprise: The case of London[J]. Entrepreneurship & Regional Development, 2011, 23(7-8):469-497.

[183] Shane S. Encouraging university entrepreneurship? The effect of the Bayh-Dole Act on university patenting in the United States [J]. Journal of Business Venturing, 2004,19(1):127-151.

[184] Shapero A. The Displaced, Uncomfortable Entrepreneur [J]. Social ence Electronic Publishing, 1975, 9(11):83-86.

[185] Shepherd D, Haynie J M. Birds of a feather don't always flock together: Identity management in entrepreneurship[J]. Journal of Business Venturing, 2009, 24(4):316-337.

[186] Shepherd D A, Douglas E J, Shanley M. New Venture Survival: Ignorance, External Shocks, and Risk Reduction Strategies [J]. Journal of Business Venturing, 2000, 15(5-6):0-410.

[187] Smes H, Salavou G, Baltas S. International Journal of Entrepreneurial Behavior & Research[J]. International Journal of Entrepreneurial Behaviour & Research,

1995，15(5)：262-281.

[188] Storti L. Being an entrepreneur：emergence and structuring of two immigrant entrepreneur groups ［J］. Entrepreneurship & Regional Development：an international journal, 2014, 26(7-8)：521-545.

[189] Suchman M C. Managing Legitimacy：Strategic and Institutional Approaches ［J］. The Academy of Management Journal, 1995,20(3)：571-630.

[190] Sui S, Morgan H M, Baum M. Internationalization of immigrant-owned SMEs：The role of language［J］. Journal of World Business, 2015, 50(4)：804-814.

[191] Thomas, Lindh, Henry, et al. Self-Employment and Windfall Gains：Evidence from the Swedish Lottery［J］. Economic Journal, 1996, 106(439)：1515-1526.

[192] Thurik A R, Carree M A, Stel A V, et al. Does self-employment reduce unemployment? ［J］. Journal of Business Venturing, 2008, 23(6)：673-686.

[193] Toledo-Rodriguez M, Wang Y, Gupta A, et al. Interneurons of the neocortical inhibitory system［J］. Nature Reviews Neuroscience, 2004, 5(10)：793-807.

[194] Tracy G J. The Structure of Local Public Finance and the Quality of Life［J］. Journal of Political Economy, 1991, 99(4)：774-806.

[195] Tsai K W D. Entrepreneurship and Risk Aversion ［J］. Small Business Economics, 2006, 26(5)：465-474.

[196] Uusitalo, Roope. Homo entreprenaurus? ［J］. Applied Economics, 2001, 33 (13)：1631-1638.

[197] Verheul I, Uhlaner L, Thurik R. Business accomplishments, gender and entrepreneurial self-image［J］. 2005, 20(4)：500-518.

[198] Vinogradov E, Isaksen E J. Survival Of New Firms Owned By Natives And Immigrants In Norway［J］. Journal of Developmental Entrepreneurship, 2008, 13(1)：21-38.

[199] Vinogradov E, Elam E. A process model of venture creation by immigrant entrepreneurs,in the life cycle of new ventures. In Brush C G, Sørheim L Ø,etc al. Kolvereid (Eds.),Emergence, newness and growth. Northampton：Edward Elgar,2010.

[200] Wagner J. Taking a Second Chance：Entrepreneurial Restarters in Germany［J］. Applied Economics Quarterly, 2002, 49(3)：255-272.

[201] Waldinger R D, Aldrich H, Ward R. Ethnic entrepreneurs: Immigrant business in industrial societies1[M]. Sage Publications,1990.

[202] Waldinger R. Ethnicity and Entrepreneurship[J]. Annual Review of Sociology, 1990, 16:111-135.

[203] Waldinger R. The"other side" of embeddedness: A case-study of the interplay of economy and ethnicity[J]. Ethnic and Racial Studies, 1995, 18(3):555-580.

[204] Wang Y, Warn J. Chinese immigrant entrepreneurship: Embeddedness and the interaction of resources with the wider social and economic context [J]. International Small Business Journal, 2018, 36(2):131-148.

[205] Watson T J. Entrepreneurial Action, Identity Work and the Use of Multiple Discursive ResourcesThe Case of a Rapidly Changing Family Business[J]. International Small Business Journal, 2009, 27(3):251-274.

[206] Weinberg N. Mass migration and labor market incorporation: Soviet immigrants in Israel[J]. Research in Social Stratification & Mobility, 2001, 18:249-274.

[207] Woodruff C, Zenteno R. Migration networks and microenterprises in Mexico [J]. Journal of Development Economics, 2007,82(2):509-528.

[208] Xie E J L. Effects of perceived power of supervisor on subordinate stress and motivation: the moderating role of subordinate characteristics[J]. Journal of Organizational Behavior, 1999, 20(3):359-373.

[209] Xu H, Ruef M. The myth of the risk-tolerant entrepreneur[J]. Strategic Organization, 2016, 2(4):331-342.

[210] Yinger J M. Ethnicity[J]. Annual Review of Sociology,1985,11:151-180.

[211] Yli-Piipari S, Jaakkola T, Liukkonen J. Gender Specific Developmental Dynamics between Physical Education Task Values and Physical Activity during Junior High School[J]. Sport ence Review, 2010, 19(5-6):231-246.

[212] Yoon I. The changing significance of ethnic and class resources in immigrant business[J].International Migration Review,1991, 25(2):303-332.

[213] Zhang J, Wong P K, Ho Y P. Ethnic Enclave and Entrepreneurial Financing: Asian Venture Capitalists in Silicon Valley [J]. Strategic Entrepreneurship Journal, 2016, 10(3):318-335.

[214] Zimmer C, Aldrich H E. Resource Mobilization through Ethnic Networks:

Kinship and friendship ties of shopkeepers in England [J]. Sociological Perspectives，1987，30(4)：422-445.

[215] 陈健,柳卸林,邱姝敏,等.海归创业的外来者劣势和知识资本的调节作用[J].科学学研究,2017, 35(9):1348-1358.

[216] 程业炳,周彬,张德化.农民工返乡创业的动因、障碍及对策研究[J].安徽科技学院学报,2014,28(01):84-88.

[217] 曹雁翎.国内外流动人口半城市化问题研究综述[J].北方经贸,2016(08):18-19.

[218] 陈晓.市场调研在企业营销管理决策中的作用分析[J].现代营销(下旬刊),2018(11):64.

[219] 丁闽江.福建省大学生返乡创业影响因素及促进对策研究[D].福建.福建农林大学,2018:42-55.

[220] 范晶晶.外迁三峡移民社会融入研究[D].山东理工大学,2014.

[221] 傅义强.当代西方国际移民理论述略[J].世界民族,2007(03):45-55.

[222] 高剑云.中国旅行社政府监管法律制度分析[D].中国政法大学,2005.

[223] 葛卫芬.企业家心智模式与自主创新的文献综述[J].贵州财经大学学报,2008(5),62-66.

[224] 胡洪浩.海归创业研究前沿于展望[J].科技进步与对策,2014(17):151-152.

[225] 霍夫斯泰德.文化与组织:心理软件的力量[M].北京.中国人民出版社,2010:2-20.

[226] 胡金华,陈丽华,应瑞瑶.农村劳动力迁移的影响因素分析——基于社会网络的视角[J].农业技术经济,2010(8):73-79.

[227] 贺小刚,朱丽娜,吕斐斐,贾植涵.创业者缘何退出:制度环境视角的研究[J].南开管理评论,2019,22(05):101-116.

[228] 蒋剑勇.基于社会嵌入视角的农村地区农民创业机理研究[D].浙江:浙江大学管理学院,2014:519-542.

[229] 孔媛. 城市"新二元结构"从分割到融合的新政治经济学分析[D].复旦大学,2011.

[230] 兰博宇.从共享单车看"互联网＋"领域新创企业的行业准入[J].财经界,2018(06):132-135.

[231] 李邦海.国际移民创业理论和模式综述[J].荆楚学刊,2016(3):79-80.

[232] 李邦海.国际移民创业理论和模式综述[J].荆楚学刊,2016,17(03):77-85.

[233] 黎黄霭玲,陆伟棋,唐希文,赵僖."港漂"看香港——内地来港留学及工作人士的心态及处境研究[J].港澳研究,2014(02):64-76＋95-96.

[234] 李明欢.国际移民的定义与类别——兼论中国移民问题[J].华侨华人历史研究,2009(02):1-10.

[235] 李琪,张志衡.结构洞、关系质量、知识吸收能力与企业创新[J].山东财经大学学报,2020,32(04):79-88.

[236] 林嵩,许健.嵌入性与初创企业创新倾向:一个实证研究[J].科技进步与对策,2018(1):102-108.

[237] 廖婉云.海归科技人才创业的窘境和对策[J].中国外资,2016(21):46-48.

[238] 李迎.基于企业家心智模式的企业战略决策能力研究[D].天津大学,2013.

[239] 吕妍.农产品企业之企业文化营销策略研究[D].烟台大学,2017.

[240] 李卓翰.公共宗教生活与乡村秩序[D].云南大学,2018.

[241] 毛丰付,张淼.城市新移民自雇创业问题研究述评[J].贵州财经大学学报,2014(171):98-101.

[242] 潘今一.融入本土市场的方式[N].组织人事报,2013-07-09(011).

[243] 仇海萍.美国西裔移民结构同化现象浅析[J].淮阴师范学院学报(哲学社会科学版),2007(03):366-368＋389.

[244] 秦志华,冯云霞,蒋诚潇,等.创业团队信任的形态结构与变化规律研究[J].管理学报,2014,11(5):712.

[245] 孙奎.农民工返乡创业现状及对策研究[D].华中师范大学,2013.

[246] 孙泽建,刘志军.三峡外迁沿海地区农村移民创业经营的现状——对浙江安置区首批移民的调查与思考[J].广西民族大学学报(哲学社会科学版),2014,36(05):124-129.

[247] 韦伯.新教伦理与资本主义精神[M].北京:群言出版社,2007.

[248] 位秀平,杨磊.国际移民理论综述[J].黑河学刊,2014(01):3-5.

[249] 吴晓波,周浩军.国际化战略、多元化战略与企业绩效[J].科学学研究,2011,29(09):1331-1341.

[250] 吴子稳,胡长深.企业家心智模式形成及其对企业发展的影响[J].华东经济管理,2007(01):111-114.

[251] 香港入境处(2017)[EB/OL].https://www.imrnd.gov.hk/hks/facts/naturalisation-

nationality,html.

[252] 尹剑峰,叶广宇,黄胜.顺势而为:企业家认知成长与企业发展研究[J].经济管理,2017,39(02):35-51.

[253] 杨琼.中国超过 700 万农民工返乡创业政府出台新政破解"融资难"[EB/OL]. http://news. cri. cn/baidunews-eco/20180119/7f2c58f0-a787-444a-3f42-67ce289db1b9. html.

[254] 晏雄.基于文化维度视角的跨文化管理理论述评[J].消费导刊,2008(2):24-25.

[255] 杨孝良,王崇举,熊遥.三峡库区移民创业决策的影响因素研究[J].农村经济,2015(9):120-124.

[256] 曾国安.管制、政府管制与经济管制[J].经济评论,2004(1):93-94.

[257] 张红霞,苏勤.理论发展与社会关系研究——社会网络分析研究述评[J].江苏师范大学学报(哲学社会科学版),2017,43(05):99-105.

[258] 詹姆斯.S.科尔曼.社会理论的基础(上下)(社会理论译丛)[M].社科文献出版社,1999.

[259] 张文宏.中国社会网络与社会资本研究 30 年(下)[J].江海学刊,2011(03):96-106.

[260] 赵文红,孙万清.创业者的先前经验、创业学习和创业绩效的关系研究[J].软科学,2013(11):53-57.

[261] 赵文红,孙万清.创业者先前知识对创业绩效的影响[J].软科学,2015(3):23-27.

[262] 张一力,张敏,李梅.对海外移民创业网络嵌入路径的重新审视——从"走出去"到"走进去"[J].科学学研究,2016,34(12):1838-1846.